ANTROPOLOGIA DA RELIGIÃO

Dados Internacionais de Catalogação na Publicação (CIP)
(Câmara Brasileira do Livro, SP, Brasil)

Bielo, James S.
  Antropologia da religião : fundamentos, conceitos e prática / James S. Bielo ; tradução Caesar Souza. – Petrópolis, RJ : Vozes, 2022.

  Título original: Anthropology of religion
  ISBN 978-65-5713-591-4

  1. Antropologia da religião 2. Religião – Estudo e ensino I. Souza, Caesar. II. Título.

22-100827   CDD-306.6

Índices para catálogo sistemático:
1. Antropologia da religião   306.6

Aline Graziele Benitez – Bibliotecária – CRB-1/3129

JAMES S. BIELO

ANTROPOLOGIA DA RELIGIÃO
Fundamentos, conceitos e prática

Tradução Caesar Souza

EDITORA VOZES

Petrópolis

© 2015, James S. Bielo
Tradução autorizada da edição em língua inglesa, publicada pela Routledge, membro do Grupo Taylor & Francis.

Tradução realizada a partir do original em inglês intitulado *Anthropology of Religion – The Basics*.

Direitos de publicação em língua portuguesa – Brasil:
2022, Editora Vozes Ltda.
Rua Frei Luís, 100
25689-900 Petrópolis, RJ
www.vozes.com.br
Brasil

Todos os direitos reservados. Nenhuma parte desta obra poderá ser reproduzida ou transmitida por qualquer forma e/ou quaisquer meios (eletrônico ou mecânico, incluindo fotocópia e gravação) ou arquivada em qualquer sistema ou banco de dados sem permissão escrita da editora.

Conselho editorial

Diretor
Gilberto Gonçalves Garcia

Editores
Aline dos Santos Carneiro
Edrian Josué Pasini
Marilac Loraine Oleniki
Welder Lancieri Marchini

Conselheiros
Francisco Morás
Ludovico Garmus
Teobaldo Heidemann
Volney J. Berkenbrock

Secretário executivo
Leonardo A.R.T. dos Santos

Editoração: Fernando Sergio Olivetti da Rocha
Diagramação: Raquel Nascimento
Revisão gráfica: Nilton Braz da Rocha
Capa: WM design

ISBN 978-65-5713-591-4 (Brasil)
ISBN 978-0-415-73125-6 (Reino Unido)

Este livro foi composto e impresso pela Editora Vozes Ltda.

Sumário

Lista de tabelas, 6

Prefácio, 7

1 O que é "religião"?, 15

2 Fazer etnografia religiosa, 45

3 Corpos, palavras e coisas, 73

4 No tempo, no lugar, 102

5 Em quem vocês confiam?, 128

6 Tornando-se global, 158

Referências, 183

Índice, 197

Lista de tabelas

1.1 Nove definições de "religião", 27

2.1 Quatro posições metodológicas na antropologia da religião, 60

6.1 Definições de "globalização" da ciência social, 160

Prefácio
Leia-me primeiro
(Uma nota aos estudantes e professores)

O curso mais impactante de minha graduação foi "Antropologia da Religião". Eu era um aluno da Universidade Radford no sudoeste da Virgínia; no semestre de primavera, no segundo ano. Naquela época, estudar religião estava entre muitos de meus interesses, não sendo, portanto, necessariamente, o principal da lista. Tendo crescido em uma região culturalmente protestante, e em uma família não especialmente devota ou intelectualmente curiosa, tinha muito pouca compreensão da história religiosa americana e muito menos sobre as diferenças religiosas globais. No pequeno município costeiro onde cresci (Lancaster, Virgínia), o pluralismo religioso mais ou menos equivalia a batistas, metodistas e episcopais. Mas, como muitas vezes ocorre, matriculei-me no curso pela professora. Em um curso anterior com a Dra. Melinda Wagner, "Culturas Apalaches", aprendi muito e gostei de seu estilo. Sobretudo, sua paixão pela etnografia e antropologia era magnética.

Muitos dos detalhes do curso e das experiências de classe me escapam agora (por que não mantive aquele plano de estudos!?), mas me lembro um pouco. O curso foi dividido em duas partes. A primeira foi um exame da teoria na antropologia da religião; o que muitos chamariam as contribuições "clássicas" ou "fundamentais" ao campo. Lemos ensaios de Edward Tylor, Émile Durkheim, Max Weber, Bronislaw Malinowski, E.E. Evans-Pritchard, Victor Turner, Clifford Geertz e Roy Rappaport, dentre outros. (Esses nomes podem não significar muito para vocês agora, mas isso mudará enquanto vocês trabalham ao longo deste livro.) Tenho uma memória distinta do dia do exame que concluiu essa metade do curso; várias páginas de caderno cheias, escritas a mão, frente e verso, comparando diferentes estruturas teóricas. A Dra. Wagner me deixou ficar alguns minutos a mais para terminar; minha mão direita doendo de tanto escrever. Não estou certo de se isso soa excitante para você, mas para um jovem de 19 anos sem qualquer exposição a uma vida intelectual, lidando com alguns dos pensadores seminais da antropologia, era algo mais do que excitante.

A segunda metade do curso foi dedicada a um projeto de classe compartilhado: a antropologia das comunidades apocalípticas. Cada aluno escolhia um estudo de caso para pesquisar. Por alguma razão, selecionei o zoroastrismo e passei oito semanas imerso em uma tradição religiosa da qual nunca antes ouvira falar. Havia cerca de 15 alunos na classe, e durante a semana final do semestre fizemos apresentações orais sobre nossos respectivos projetos. A região na qual cresci era muito mais o "cristianismo da regra áurea" do que o "fogo do inferno", de modo que uma exploração de como diferentes religiões interpretam "o Juízo Final" também foi uma revelação.

No fim, o curso foi muito maior do que a soma de suas partes. Incutiu profundamente em mim um desejo de descobrir mundos religiosos, e uma garantia de que a antropologia era um modo fantástico de fazer isso. A Dra. Wagner, como John Steinbeck certa vez escreveu sobre os grandes artistas que chamamos professores, "catalisou um desejo ardente por saber. Sob sua influência, os horizontes se ampliaram e o medo se afastou e o desconhecido se tornou conhecível. Mas, sobretudo, a verdade, essa coisa perigosa, tornou-se linda e muito preciosa" (1966 [2002]: 142).

Após esse semestre de primavera, continuei com a antropologia da religião. Para meu curso em métodos etnográficos durante meu ano final em Radford, passei o semestre fazendo trabalho de campo com uma pequena congregação batista negra a algumas milhas do *campus*. Depois, fui para a Michigan State University para estudar com o Dr. Fredric Roberts. Como Melinda, Fred é um etnógrafo conservador e me orientou por seis anos durante uma tese sobre grupos evangélicos americanos de estudo da Bíblia. (Essa é outra história! (BIELO, 2009).) Durante o trabalho de campo do estudo da Bíblia descobri um movimento de mudança cultural surgindo entre evangélicos, e passei mais de três anos estudando o movimento da Igreja emergente (BIELO, 2011). Enquanto escrevo isto, estou quase três anos em outro projeto etnográfico, tentando entender como um grupo de artistas criacionistas desenhará um parque temático bíblico (BIELO, 2013).

Após meus anos na Michigan State, comecei a lecionar na Miami University, na pequena cidade universitária de Oxford, Ohio. Estar em Miami me permitiu a oportunidade de dar uma série ampla de cursos, muitos dos quais não estão exatamente no meu foco de pesquisa. Felizmente, também fui capaz de lecionar meu primeiro amor: Antropologia da Religião. Esse desejo ardente de conhecer catalisado por Melinda Wagner é tão vibrante agora quanto antes, se não mais. Estou continuamente fascinado por meu trabalho etnográfico com os evangélicos americanos, assim como com questões mais amplas sobre diversidade religiosa global e o papel da religião e nossos debates e controvérsias públicas mais importantes. A religião é sempre intrigante porque pode ser a fonte de alegria exuberante e de violência mortal, solidariedade social e revolta comunitária, conflito existencial e comprometimento. Estudar religião antropologicamente sempre me pareceu um excelente modo de compreender não apenas as religiões particulares, mas também de compreender algo básico sobre a condição humana.

Uma abordagem orientada para problemas

Antropologia da religião: fundamentos, conceitos e prática emergem de minhas experiências enquanto me tornava antropólogo profissional, fazendo etnografia com comunidades religiosas e ensinando a antropologia da religião. Para a última, tem sido uma luta encontrar um texto introdutório que funcione bem para a estrutura do curso e materiais antropológicos que uso. Por favor, não me interprete mal. Há vários manuais de "Antropologia da religião" muito bons disponíveis: por exemplo, *Religions in practice* (Religiões na prática) (2004), de John Bowen, é uma grande fonte e *Ordered universes* (Universos ordenados) (1995), de Morton Klass, é tão maravilhosamente provocativo agora quanto ao ser publicado pela primeira vez. Contudo, muitos desses manuais são orientados em torno de tópicos comparativos no estudo da religião. Ou seja, eles discutem estudos de casos e teorias que tratam de uma área individual de interesse que os antropólogos estudaram interculturalmente. Por exemplo, capítulos individuais nesses textos focam tópicos como magia, bruxaria, xamanismo, mito, ritual, religião e violência, religião e os sentidos, peregrinação, cura, secularismo, linguagem religiosa, novos movimentos religiosos, e assim por diante. Este livro é diferente.

Eu organizei o livro de acordo com diferentes problemas de pesquisa. Com "problema" quero dizer uma fonte fundamental de investigação. Problemas não são redutíveis a tópicos ou áreas de interesse particulares. Em vez disso, são o fundamento, a raiz, a fonte subjacente das questões de pesquisa que fazemos. Problemas de pesquisa são inerentemente produtivos; são a fonte da qual qualquer questão ou tópico dados provém. Cada um dos problemas que tratamos nos capítulos a seguir foi crucial para os debates mais animados da antropologia da religião e muitas questões duradouras. Problemas de pesquisa não são como quebra-cabeças que resolvemos de uma vez por todas. Eles são mais como motores funcionando constantemente, mantendo a antropologia da religião em movimento ao continuamente produzirem novas questões de pesquisa para consideração.

Os seis capítulos neste livro introduzem e elaboram problemas particulares. O capítulo 1 trata de nossa categoria organizadora, "religião": por que os antropólogos definem esse termo de modos diferentes, críticas à categoria e a relação de "religião" com uma categoria associada, "o secular". O capítulo 2 muda o foco para um problema metodológico: como fazer etnografia da religião. Esse capítulo discute temas de ética, dinâmicas do trabalho de campo e epistemologia (como sabemos o que sabemos). O capítulo 3 trata do problema da mediação religiosa:

como indivíduos e comunidades usam recursos visíveis, materiais e viscerais para se conectar com a imaterialidade da religião. Focamos três canais de mediação: corpos, palavras e coisas. O capítulo 4 explora o problema da construção do mundo religioso – ou seja, os modos pelos quais a religião provê uma realidade na qual os adeptos vivem. Aqui, nossa discussão foca dois eixos de orientação: tempo e espaço. O capítulo 5 examina o problema da autoridade religiosa: como as relações sociais e as instituições são fundadas em confiança, legitimidade e poder. Nesse capítulo, uma discussão sobre as locações sociais da autoridade religiosa mostra como a autoridade religiosa existe em interação dinâmica com outras fontes culturais de autoridade (e. g., a ciência). Finalmente, o capítulo 6 discute o problema da globalização religiosa. Como os mundos religiosos interagem com processos globais e transnacionais?

Com certeza, existem outros problemas ainda para investigar. Por exemplo, há o problema da agência (um capítulo que planejei originalmente escrever, mas não escrevi, a fim de manter o livro numa extensão ideal para o uso em sala de aula). Como os mundos religiosos atribuem a capacidade e poder de agir, pensar e afetar a vida cotidiana a atores tanto humanos quanto não humanos? Ou, então, podemos considerar o problema do pluralismo religioso: como tradições religiosas múltiplas coexistem, cooperativa e contenciosamente, no mesmo contexto social. Sorte nossa que o objetivo deste livro não é ser exaustivo, mas, sim, equipar vocês com ferramentas intelectuais que lhes permitirão decifrar qualquer problema de pesquisa e investigar qualquer questão de pesquisa. (Para professores, vocês podem considerar aqui uma tarefa: pedir para os alunos esboçarem um problema de pesquisa adicional usando esses capítulos como um modelo.)

Este livro é também organizado por um imperativo etnográfico. Cada capítulo utiliza uma série diversa de estudos de caso para ilustrar o problema de pesquisa e questões em discussão. Quase sem exceção, os exemplos apresentados são estudos sobre religião que emergem do trabalho de campo detalhado. Para antropólogos culturais e linguistas, a etnografia é o método básico para criar conhecimento e o fundamento básico para fazer reivindicações acadêmicas. Como resultado, temos um registro etnográfico extraordinário de religiosidade humana e espero que este livro expresse um pouco dessa riqueza.

Esse imperativo etnográfico também abastece os boxes de reflexão que concluem muitas das principais seções nos capítulos. Esses boxes não são decididamente revisões passivas do material apresentado na seção. Cada box de reflexão é um convite para detalhar o trabalho apresentado por meio da aplicação de conceitos a exemplos de religião na prática. Se vocês estão conduzindo uma pesquisa original ou um trabalho de campo para seu curso, os boxes de reflexão lhes encorajam a pensar os problemas que apresentam à luz de seu próprio projeto. Além disso, os boxes dirigem vocês para uma fonte online ou filme documentário para análise. Vocês deveriam ser capazes de situar cada filme usando sua biblioteca departamental, da universidade ou da comunidade (e, em vários casos, filmes inteiros estão disponíveis no YouTube). Para os professores, encorajo vocês a usarem os boxes de reflexão para propósitos múltiplos. Eles podem ser usados como a base para um exercício em sala de aula, uma tarefa extraclasse ou para um crédito suplementar.

O imperativo etnográfico é, em parte, o que distingue uma abordagem antropológica ao estudo da religião. Outras formas de conhecimento são necessárias e úteis, como estatísticas demográficas, histórias, biografias e leituras atentas de textos religiosos. Mas tudo isso permanece incompleto sem o foco antropológico na religião como praticada, incorporada e vivida. O estudo antropológico da religião é também distinto porque a antropologia é distinta de outras disciplinas. Por exemplo, antropólogos da religião mantêm os compromissos disciplinares mais amplos com o relativismo cultural, a análise holística, o pensamento comparativo e a abdução (i. e., a oscilação persistente entre dados empíricos e teoria geral). Embora distinta, a antropologia da religião nunca foi separada ou completamente diferente de outras abordagens ao estudo da religião. Ao longo deste livro, destacaremos muitos pontos de contato entre antropologia, estudos religiosos, sociologia, história e filosofia.

Os fundamentos

É um pouco irônico que tenha concordado em escrever este livro. A razão é que tendo a ser relutante em usar textos introdutórios em todos os meus cursos. Principalmente, uso ao menos um livro de etnografia como o(s) texto(s) centrais e faço compilações de ensaios publicados como um manual de curso. Muitos manuais têm algumas tendências que acho que não ajudam. Na maioria das vezes, são escritos de um modo abertamente pedante, priorizam a extensão do conhecimento em detrimento da profundidade, falham em dirigir os alunos para buscarem análises originais, e (implícita ou explicitamente) alegam uma descrição exaustiva do tema apresentado. (Reconheço, esse é meu viés e certamente há exceções.)

Contudo, fui imediatamente atraído pela premissa da série "The Basics" (Os fundamentos) da Routledge. Aprecio grandemente a ideia de um texto introdutório (*vs.* o manual do tipo tijolão) que apresenta alguns elementos essenciais de um campo como um trampolim para estudantes explorarem mais por si. Além disso, há uma necessidade incessante para todos nós de praticar continuamente os fundamentos em nossos campos de especialidade. Como os jogadores de futebol de classe mundial que nunca param de trabalhar suas habilidades de passar e controlar a bola, os antropólogos da religião têm sensibilidades básicas para mantê-las aguçadas. Tornar-se e manter-se tão aguçado quanto possível: esse é o espírito deste livro.

Concebo *Antropologia da religião: fundamentos, conceitos e prática* como um guia complementar. Para professores, recomendo usar o livro junto com ou um manual mais tradicional, uma série de leituras etnográficas, ou com um ou mais volumes editados destinados especificamente para cursos de antropologia da religião. Em termos de estrutura de curso, os seis capítulos podem servir como a leitura inicial para seis unidades de curso (em um esquema semestral, isso equivale a aproximadamente duas semanas por unidade). Naturalmente, se vocês têm uma abordagem bem-acabada para seu curso, este livro pode funcionar igualmente bem como leitura suplementar requerida (uma vez mais, destacando os boxes de reflexão para múltiplos propósitos de curso).

Escrevi este livro ao longo de dois anos, entre o começo de 2013 e o final de 2014. Durante esse tempo, meu pensamento e escrita se beneficiaram dos intelectos ávidos e curiosos tanto de colegas quanto de alunos. Entre os primeiros, quero reconhecer as contribuições e influência de alguns indivíduos (pedindo desculpas a muitos outros que merecem ser nomeados): John Cinnamon, Rory Johnson, Jeb Card, Homayun Sidky, Mark Peterson, Leighton Peterson, Jon Bialecki, Naomi Haynes, Tom Boylston, Eric Hoenes, Omri Elisha, Brian Howell, Rebekka King, Hillary Kaell, Jackie Feldman, Andy Blanton, Catherine Wanner, Simon Coleman, Matthew Engelke, Joel Robbins, Susan Harding, Tanya Luhrmann, Pamela Klassen, Don Seeman, Joe Webster, Bill Girard, Matt Tomlinson, Fred Klaits, John Jackson, Greg Starrett, Vincent Wimbush, John Schmalzbauer, Gerardo Marti, Kathryn Lofton, Natalia Suit, e (sou eternamente grato a) Melinda Wagner e Fred Roberts. Além disso, revisores anônimos da proposta do livro e do manuscrito ofereceram leituras perceptivas em vários pontos.

Devo um agradecimento especial a um pequeno grupo de alunos na Miami University. Esses alunos leram os rascunhos do primeiro capítulo e fizeram revisões incisivas, que ajudaram a moldar o manuscrito final. Com toda gratidão que posso reunir, agradeço aqui a: Emily Crane, Michele Bailey, Monica Neff, Allison Burko, e a coorte da "ATH403: Anthropology of Religion" (Caroline Johnson, Samantha Cardarelli, Amber Scott, Meghan Mullins, Kate Hewig, Matt Finch, Brad Phillip, Kaitlyn Hunter, Gabriella Uli, Evan Brown, Thomas Bollow, Mary Ann Nueva, Qili Guo, e Alicia Norrod).

Aprendi muito escrevendo este livro e me diverti muito trabalhando com o material. Espero que os leitores se beneficiem tanto quanto eu!

1
O que é "religião"?

Antropologia da religião de hoje explora uma série de fenômenos maravilhosamente diversos. Buscamos e nos envolvemos em tudo, do estudo de religiões globalizadas (como cristianismo e islamismo) a movimentos sectários, tradições indígenas, grupos irreligiosos e antirreligiosos. Para ajudar a orientar nosso estudo desses grupos e movimentos, consideramos um conjunto igualmente complexo de tópicos comparativos. Uma listagem parcial inclui magia, bruxaria, ritual, mito, xamanismo, feitiçaria, adivinhação, conversão, possessão espiritual, cura, prece, profecia, peregrinação, alcance humanitário, ativismo sociopolítico, missionação, mudanças religiosas e diálogo inter-religioso.

O que reúne uma coleção tão diversa? O que os une como expressões da mesma categoria: "religião"? Afinal, religião como um fenômeno humano não pode ser reduzida a qualquer expressão cultural ou forma social particular. Assim, então, o que é religião?

O título deste capítulo coloca uma questão aparentemente simples. Responder essa questão é uma história inteiramente diferente. Para leitores buscando uma resposta definitiva, sucinta, por favor, aceitem minhas desculpas de antemão. Nenhuma resposta assim virá. Mas minha aposta e minha esperança são que, ao final deste capítulo, vocês compreenderão por que uma resposta definitiva, sucinta, seria inútil e equívoca. O objetivo deste capítulo é lhe ajudar a refletir criticamente sobre a categoria "religião": qual poderia ser sua natureza, por que diferentes estudiosos, em diferentes tempos, defenderam diferentes ideias sobre isso, e que valor (se algum) a categoria oferece. Começaremos comparando uma série de definições antropológicas. Ao longo do caminho, perguntaremos o que cada uma delas nos ensina sobre o problema de definir "religião".

Definir é teorizar

Por que começar com definições? Não é assim que podemos definir uma compreensão final, triunfante, sobre a categoria organizadora da religião. Não é também porque isso é uma discussão necessária, um exercício que devemos absolutamente fazer. (Como veremos adiante, alguns estudiosos argumentam que qualquer tentativa de garantir uma definição unificadora é uma tarefa inútil.) Começaremos com definições, pois a maneira como os estudiosos definem a religião revela percepções importantes sobre suas suposições e compromissos básicos no estudo da religião. Em suma, definições são pistas para a orientação teórica.

Por que a teoria importa tanto? Ao fim e ao cabo, a orientação é fundamental na decisão do que estudar, de quais questões de pesquisa importam mais, do que conta como dados, de como coletar dados, de como analisá-los e de como representar o que foi estudado. Diferentes antropólogos em diferentes pontos na história da disciplina favoreceram certas orientações em detrimento de outras. Alguns perguntaram: "Quais são as origens humanas da religião?", enquanto outros perguntaram: "O que a religião faz para indivíduos e para sociedades?", "Como as pessoas usam a religião em sua vida diária?", "Qual é a substância psicológica e emocional da experiência religiosa?", "Como a religião molda, e como é moldada por outras instituições sociais?", ou "O que é único sobre a religião como um fenômeno humano?" Essas questões divergentes refletem diferentes orientações teóricas. Comparar definições é um bom modo de compreender as diferenças e por que importam.

No Prefácio, sugerimos que uma abordagem antropológica da religião se sobrepõe a, mas é também distinta de, outras disciplinas de ciência social e de humanidades. Idealmente, uma abordagem antropológica faria várias coisas. Seria fundamentada em pesquisa empírica, basicamente etnográfica e arquivística. Seria comparativa, de modo que fosse útil interculturalmente. Não seria voltada para criar hierarquias ou para separar religião "boa" de "má". E intensificaria objetivos antropológicos mais amplos como holismo e relativismo cultural. Como começamos comparando definições, vamos perguntar quão bem cada definição satisfaz esses ideais.

Adiante, comparamos nove definições. Nosso objetivo não é decidir qual definição é ao fim e ao cabo correta, e não é assim que podemos intervir com nossa própria definição final, triunfante. Seguiremos a orientação de Thomas Tweed, um historiador e etnógrafo da religião, que escreve que definições deveriam ser abordadas com "apenas mais ou menos úteis" (2006: 34). Todas essas definições têm algo a nos ensinar. Essa atitude é útil por duas razões. Primeiro, comparar definições desse modo é intelectualmente generoso: pergunta o que é valioso sobre qualquer abordagem determinada ao estudo da religião. Segundo, essa atitude encoraja a autorreflexão: somos preparados para compreender melhor nossos próprios compromissos quando consideramos por que somos atraídos a algumas definições e não a outras, por que achamos algumas produtivas e outras não.

Um manual

Para começar, é útil observar que alguns dos pensadores mais influentes no estudo da religião não ofereceram de fato definições operacionais. Em vez disso, articularam uma sensibilidade teórica, um modo de pensar sobre a religião. Considere três exemplos clássicos: Karl Marx, Sigmund Freud e Max Weber.

Karl Marx (1818-1883), filósofo e um dos primeiros sociólogos, famoso por sua crítica ao capitalismo industrial, não produziu um grande volume de trabalho sobre religião. Sua influência ultrapassa em muito a quantidade de palavras que escreveu (cf. RAINES, 2002, para uma seleção desses escritos). Mas, em 1844, ele publicou em um ensaio, "Crítica à 'Filosofia do direito' de Hegel", essa declaração amplamente citada:

> Os humanos fazem a religião, a religião não faz os humanos... Os humanos são o mundo dos humanos, o Estado, a sociedade. Esse Estado, essa sociedade, produzem religião, uma consciência invertida do mundo, porque são um mundo invertido. A religião é a teoria geral desse mundo, seu compêndio enciclopédico, sua lógica na forma popular, seu entusiasmo, sua sanção moral, sua base universal para consolidação e justificação. É a realização fantástica da essência humana, porque a essência humana não tem realidade verdadeira... [A religião] é o ópio do povo.

Disso, duas ideias sobre a natureza da religião persistem para muitos antropólogos. Primeiro, sua declaração de abertura: "Os humanos fazem a religião" é tanto teológica quanto sociológica. Marx estava argumentando contra a ideia de que os humanos são de algum modo naturalmente religiosos e que os sistemas religiosos têm alguma origem outra que não a sociedade humana. A religião é um produto humano. Segundo, Marx entendia a religião como uma forma de consciência falsa, "uma consciência invertida do mundo", que desvia as pessoas de problemas deste mundo (a pobreza, p. ex.). A religião é um véu, cegando as pessoas para as realidades urgentes da vida. Talvez sua frase mais duradoura, "o ópio do povo", expresse seu posicionamento normativo: a religião é uma droga. Tudo isso ressoa com a estrutura mais ampla da crítica cultural e econômica de Marx: o capitalismo industrial brutaliza os trabalhadores e os trabalhadores não se revoltam porque permanecem cegos às condições de sua dominação. Marx quer abrir a cortina, para revelar aquelas condições brutais. Nomear religião como parte da falsa consciência da sociedade moderna era parte de sua crítica mais ampla.

Sigmund Freud (1856-1939), uma das figuras mais reconhecidas da psicologia, também via a religião em termos negativos. Diferente de Marx, Freud escreveu muito sobre religião. Começando com um breve ensaio em 1907, "Ações obsessivas e práticas religiosas", e continuando em três livros – *Totem e tabu* (1913), *O futuro de uma ilusão* (1927) e *Moisés e o monoteísmo* (1937) – Freud apresentou a religião como um tipo de comportamento neurótico e como uma grande ilusão. A religião perdura na vida moderna porque satisfaz uma necessidade psicológica básica de nos sentirmos protegidos de medos (da morte, p. ex.). Como Marx, a abordagem de Freud era parte de um projeto mais amplo: a psicanálise como uma tentativa de livrar as pessoas da bagagem psicológica que restringia seu desenvolvimento em uma vida adulta madura saudável. Nomear a religião como um obstáculo disfuncional a ser superado era parte de sua crítica mais ampla.

Max Weber (1864-1920), um sociólogo alemão extremamente influente, oferece uma posição menos enviesada para o estudo da religião. O estudo de caso mais extenso de Weber da religião moderna, *A ética protestante e o "espírito" do capitalismo*, foi publicado pela primeira vez em 1905. Esse livro explora como teologia, moralidade, trabalho, organização social e mudanças econômicas estão profundamente entremeados. Weber, um analista mais sofisticado da religião do que Marx ou Freud, também evita uma definição. Ele escreveu em um ensaio de 1922:

> Se é que podemos tentar uma definição, isso pode ser feito somente na conclusão do estudo. A essência da religião sequer é uma preocupação nossa, uma vez que nos demos a tarefa de estudar as condições e efeitos de um tipo particular de comportamento social. Os cursos externos dos comportamentos religiosos são tão diversos que uma compreensão desse comportamento só pode ser obtida a partir do ponto de vista das experiências subjetivas, ideias e propósitos dos indivíduos envolvidos – em suma, a partir do ponto de vista do "significado" do comportamento religioso.

Weber faz algumas afirmações reveladoras aqui. Primeiro, ele muda o foco de "essência" para "condições e efeitos". Embora alguns estudiosos persistissem em tentar articular o que é a essência da religião, outros seguiram a indicação de Weber na exploração das fontes sociais e consequências sociais da religião. Segundo, Weber prioriza "experiências subjetivas, ideias e propósitos", ou, simplesmente, o "significado" de religião para os próprios adeptos religiosos. Isso sugere que os estudiosos podem e devem buscar compreender a vida interior das pessoas religiosas.

Marx, Freud e Weber não fornecem definições locais (ou seja, culturalmente específicas) ou universais de "religião". O que fazem é articular uma sensibilidade, uma abordagem, um modo de estudá-la. Eles são instrutivos para nossa análise adiante porque começam a demonstrar como abordar o tema. Marx e Freud empregam uma hermenêutica de desconfiança, o que significa que interpretam a religião como obscurecendo algo mais fundamental à realidade humana. Para eles, é o dever do estudioso ver para além das mistificações da religião e identificar a força mais fundamental (para Marx, era o conflito econômico; para Freud, a agitação psíquica). Weber era diferente. Ele estava comprometido com contextualizar a religião no mundo social vivido ("condições e efeitos"), embora também desejando compreender a religião em seus próprios termos (seu "significado"). Enquanto comparamos definições, pergunte que tipo de atitude em relação à religião está sendo sugerida. Dividi as nove definições em dois conjuntos. Os primeiros quatro chamaremos "Fundamentais" porque foram articulados no início do desenvolvimento da antropologia como uma disciplina e porque estabeleceram certos termos de debate que ainda prosperam.

Definições fundamentais

Começamos com dois estudiosos "de gabinete", os primeiros a contribuírem para o que o escopo da investigação antropológica poderia ser: um inglês, E.B. Tylor (1832-1917) e um escocês, James Frazer (1854-1941). Tylor e Frazer são muitas vezes chamados antropólogos de gabinete porque seus escritos se basearam em relatos de outros (exploradores e missionários, p. ex.), não em seu próprio trabalho de campo etnográfico.

Em seu volume *Religião na cultura primitiva* (1871), Tylor escreveu o que poderia ser a primeira definição antropológica moderna de religião. Ele visava à simplicidade, escrevendo que toda religião humana é unida pela "crença em entes espirituais". Essa simplicidade não foi incidental. Ele buscava um fio comum que conectasse o monoteísmo do cristianismo e o animismo de sociedades tribais registrados ao longo de sua coleção de descrições arqueológicas, missionárias e de viajantes. Animismo foi um termo que Tylor tornou popular, significando a atribuição de vontade (ou essência) espiritual a entidades não humanas (e. g., animais ou características do mundo natural). Tylor queria um fio comum a fim de apoiar sua teoria do evolucionismo cultural: todas as sociedades humanas eram biologicamente similares, mas existiam em diferentes estágios de uma progressão hierárquica. Ele via o estudo do animismo como o estudo das origens religiosas. A "crença em entes espirituais" era o que vinculava a forma mais primitiva de religião aos seus descendentes evolucionários do politeísmo e monoteísmo.

A despeito dessa agenda teórica, que nenhum antropólogo moderno apoiaria, Tylor articulou dois compromissos que perduraram na antropologia da religião: um foco na crença e no sobrenatural. Ao focar a crença, Tylor focou a vida psicológica interior de atores religiosos, ideias sobre a natureza da vida, e explicações para por que as coisas são como são. Ao focar o sobrenatural, Tylor focou agências diferentes de entes humanos comuns vivos. Ambos os compromissos receberam crítica substancial como a base para teorização intercultural, mas continuam a persistir como critérios no estudo da religião.

Tylor foi uma inspiração importante para o trabalho de Frazer, *The golden bough: a study in magic and religion* (*O ramo de ouro: um estudo sobre magia e religião*) (1890). Como em *Religião na cultura primitiva*, esse foi um projeto massivo de etnologia comparativa. Frazer define religião como "uma propiciação ou conciliação de poderes superiores aos humanos que são considerados por dirigirem e controlarem o curso da natureza e da vida humana". Frazer retém o foco na crença e no sobrenatural ("poderes superiores aos humanos"), mas acrescenta sua própria contribuição duradoura: a religião está centralmente preocupada em estabelecer a "ordem direta e controlar o curso da natureza e da vida humana".

Frazer também estava comprometido com o evolucionismo cultural, e com *O ramo de ouro* pretendia demonstrar como as sociedades humanas progridem por meio dos três sistemas que explicam a ordem da vida: magia, religião e ciência. Para Frazer, a ciência era o pináculo do avanço humano e a religião, um vestígio de nosso passado pré-moderno. A despeito dessa agenda, Frazer introduziu uma nuança substancial ao estudo da religião. Por exemplo, ele elaborou a distinção entre magia por simpatia e magia por contágio. Esses dois métodos operam de acordo com lógicas diferentes: a magia simpática funciona segundo uma regra de imitação (pense: a cena no filme de 1984 *Indiana Jones e o Templo da Perdição*, quando o marajá esfaqueia o boneco de Indiana), enquanto a magia por contágio funciona segundo uma regra de conexão física inquebrantável (pense: o uso do cabelo, pele ou unhas de alguém para lançar um feitiço protetor ou prejudicial). Estudiosos ainda usam essa distinção para discutir como diferentes tipos de magia funcionam para estabelecer ordem.

Antropólogos sempre integraram o trabalho de outros cientistas sociais, cientistas naturais, filósofos e artistas em nosso pensamento. O estudo da religião não é exceção. As próximas duas definições vêm, respectivamente, de um psicólogo americano, William James (1842-1910), e de um sociólogo francês, Émile Durkheim (1858-1917).

Na virada do século XX, William James era uma celebridade acadêmica internacional. Em 1901 e 1902, deu uma série de conferências na University of Edinburgh, subsequentemente publicadas como *The varieties of religious experience: a study in human nature* (*As variedades da experiência religiosa: um estudo sobre a natureza humana*) (1902). O livro compara uma ampla variedade de exemplos literários, históricos, psicológicos e etnológicos de religiosidade humana. James define religião como "os sentimentos, atos e experiências de indivíduos em sua solidão na medida em que se concebem numa relação com o que quer que possam considerar o divino".

O trabalho de James foi uma crítica aos *establishments* religioso e científico. Ele desejava ampliar o escopo do que ser religioso significava para além dos confins institucionais e organizacionais, por isso o foco nos "indivíduos em sua solidão". E ele desejava ampliar o escopo de pretensões à verdade para além das provas científicas. Tudo isso era parte do projeto mais amplo de James de desenvolver uma filosofia pragmática. O pragmatismo é um sistema complicado, mas *As variedades* captura um de seus compromissos centrais: a verdade deveria ser calibrada pela utilidade. Para James, a experiência religiosa era verdadeira e real porque provocava pessoas reais a fazerem coisas reais no mundo real, mesmo que essas experiências não pudessem ser medidas por meio da ciência natural. Esse foco na "experiência" se mostrou muito durável para antropólogos da religião. Em vez de focar estruturas ou funções sociais (pense: as "condições e efeitos" de

Weber), James destacou a realidade visceral, sensorial, emocional e psicológica da experiência religiosa para os indivíduos.

Émile Durkheim também era uma celebridade acadêmica quando publicou seu último grande livro, *As formas elementares da vida religiosa* (1912). Leiam qualquer história das ciências naturais e vocês encontrarão Durkheim mencionado como um fundador da sociologia (usualmente junto de Karl Marx e Max Weber). Em *As formas elementares*, Durkheim definiu religião como "um conjunto unificado de crenças e práticas relativas a coisas sagradas, ou seja, coisas separadas e proibidas – crenças e práticas que unem uma comunidade moral única chamada Igreja, todos aqueles que aderem a elas". Durkheim acrescenta um foco nas "práticas" às "crenças" familiares, e, o que não surpreende para um sociólogo, enfatiza a coletividade humana (a "comunidade moral"). Ao longo de *As formas elementares*, ele exalta práticas (em particular, rituais de grupo) como mais integrais do que crenças por sustentarem o projeto social de comunidade moral.

O mais importante, talvez, seja o fato de Durkheim contribuir com a noção do sagrado para o estudo da religião. Em seu centro, o sagrado tem a ver com uma divisão: "coisas separadas e proibidas" como completamente distintas dos aspectos da sociedade não considerados especiais para sustentar a comunidade moral (o que ele chamava "o profano"). Compreender a religião, portanto, não tem a ver com identificar as forças ou espíritos sobrenaturais; tem a ver com identificar o que uma sociedade venera. O sagrado é aquilo que é reverenciado, e o que é reverenciado é o religioso. Para Durkheim, isso tudo demonstrava uma parte crucial de seu projeto mais amplo: explicar como as sociedades humanas mantêm a coesão, mutualidade e pertencimento – i. e., a comunidade moral. Em termos funcionalistas, a religião era simplesmente uma instituição muito poderosa para atingir esse mandato social básico.

Portanto, o que é religião? Quatro estudiosos, cada um deles influente por mérito próprio, definem o termo diferentemente. Nesse ponto, espero que vocês estejam seguindo duas observações. Primeiro, cada definição contribui um pouco para a vasta tenda que chamamos antropologia da religião. Segundo, cada definição reflete um compromisso com um projeto academicamente mais amplo: o evolucionismo de Tylor e de Frazer, o pragmatismo de James e o funcionalismo de Durkheim. A partir daqui, continuamos nossa análise com cinco definições antropológicas, mais contemporâneas.

Elaborações contemporâneas

Nas décadas seguintes ao trabalho de Tylor, Frazer, James e Durkheim, a Antropologia se tornou completamente reconhecida como uma disciplina. Liderada por Franz Boas, nos Estados Unidos, e por Bronislaw Malinowski, na Inglaterra, a antropologia se tornou análoga ao trabalho de campo etnográfico de longo prazo. Como resultado, antropólogos passaram um tempo consideravelmente maior fazendo trabalho empírico com comunidades religiosas. Por sua vez, tentativas de teorizar a religião emergiram mais diretamente dos achados de pesquisa (ou seja, o material confuso, complicado, da religiosidade humana). Por exemplo, Paul Radin (1883-1959), um aluno de Boas, usou seu trabalho de campo com diferentes tribos indígenas americanas para escrever *Primitive religion: its nature and origin* (Religião primitiva: sua natureza e origem) (1937). Radin define religião em "duas partes":

> A primeira, um sentimento facilmente definível, embora não precisamente específico; e a segunda, certos atos, costumes, crenças e concepções específicos associados a esse sentimento. A crença mais inextricavelmente conectada ao sentimento específico é uma crença em espíritos fora dos humanos, concebidos como mais poderosos do que os humanos, controlando todos aqueles elementos na vida sobre os quais colocam mais ênfase (3).

A definição de Radin revela três coisas. Primeiro, similar a William James, Radin usa a emoção como um ponto de partida para identificar a religião. Segundo, como em Tylor, a crença é elevada acima do ritual ("atos, costumes"). Terceiro, novamente como em Tylor, ele torna a existência de agências não humanas ("espíritos") integral à religião, invocando a categoria do sobrenatural. E ele concebe essas agências fortemente envolvidas nos assuntos humanos, invocando uma relação este-mundo/outro-mundo.

Um antropólogo canadense, Anthony F.C. Wallace (1923-), também escreveu um volume influente, *Religion: an anthropological view* (Religião: uma visão antropológica) (1966). Wallace é um etnógrafo, historiador e teórico prolífico (cf. capítulo 5 para mais sobre Wallace, ou seja, sua teoria de movimentos de revitalização). Em seu volume de 1966, Wallace define religião como "um conjunto de rituais, racionalizado pelo mito, que mobiliza poderes sobrenaturais para o propósito de obter ou impedir transformações do estado nos humanos e na natureza" (107). Ele, então, elaborou as "categorias mínimas de comportamento" que constituíam "a substância da própria religião":

> Embora quase qualquer comportamento possa ser dotado de significado religioso, parece existir um número finito – cerca de 13 – de categorias de comportamento, muitas das quais são, em qualquer sistema religioso, combinadas a um padrão ao qual é convencionalmente atribuído o título "religião" (52).

Ele prossegue, nomeando as 13: prece, música, exercício fisiológico, exortação, recitação do código, simulação, *maná*, tabu, banquetes, sacrifício, congregação, inspiração e simbolismo. Para Wallace, a religião foi feita de uma combinação entre práticas rituais seletas e os efeitos dessas práticas nas condições sociais e naturais ("obter ou impedir transformações"). Observe que ele prioriza o comportamento (práticas rituais) e a organização social (instituições) para estabelecer "a substância da religião", não o foco weberiano de dotar o comportamento de significado. E, como Frazer, James e Radin, Wallace enfatiza a natureza prática da religião – as pessoas a usam para fazer coisas.

Nossa próxima definição é, talvez, a mais amplamente citada no conjunto, e vem de Clifford Geertz (1926-2006). Geertz é uma figura central na história da antropologia, basicamente, porque esboçou a abordagem teórica da antropologia interpretativa. A antropologia interpretativa prioriza os humanos como criadores de significado e consumidores-produtores de símbolos públicos. O trabalho do antropólogo é decodificar os significados socialmente compartilhados por meio de sistemas simbólicos. Em um ensaio de 1966, "Religion as a cultural system" (Religião como um sistema cultural), Geertz define religião de um modo consistente com essa orientação teórica mais ampla:

> um sistema de símbolos que atua para estabelecer disposições e motivações poderosas, pervasivas e duradouras nas pessoas por meio da formulação de concepções de uma ordem geral de existência revestindo essas concepções com uma tal aura de factualidade que as disposições e motivações parecem unicamente realistas (4).

No centro da definição de Geertz estão símbolos, "qualquer objeto, ato, evento, qualidade ou relação que serve como um veículo para uma concepção", integrados como um sistema. Geertz revive o interesse de Frazer pela religião como um meio para estabelecer ordem ("concepções de uma ordem geral de existência"). E Geertz retoma o fio de James de enfatizar o aspecto emotivo da religião ("disposições e motivações duradouras").

Em um livro inteligente, sucinto, *Ordered universes: approaches to the Anthropology of Religion* (Universos ordenados: abordagens à antropologia da religião) (1995), Morton Klass (1927-2001) revisou definições existentes a fim de formular a sua, que eliminasse a bagagem etnocêntrica. Ele via muitos conceitos-chave na antropologia da religião como etnocêntricos porque tornavam certas tradições religiosas centrais enquanto marginalizavam outras. Por exemplo, tornar o "sobrenatural" definitivo é inerentemente enviesado em favor de religiões teístas. Por fim, ele estabeleceu esta definição:

> Religião em uma dada sociedade será aquele processo instituído de interação dos membros dessa sociedade – e entre eles e o universo como um todo como o concebem em sua constituição – que lhes dá significado, coerência, direção, sensação de unidade e qualquer nível de controle sobre eventos que percebam como possível (38).

Klass consegue integrar múltiplos aspectos: a definição tem um pé no imanentemente social ("interação dos membros dessa sociedade") e no transcendente ("o universo como um todo"). Lembra Durkheim ("significado, coerência, direção, sensação de unidade") e Frazer ("controle sobre eventos").

Nossa definição final vem de Scott Atran (1952-) e seu livro *In gods we trust: the evolutionary landscape of religion* (Em deuses, acreditamos: o panorama evolucionário da religião):

> Religião é um compromisso custoso e difícil de falsificar de uma comunidade com um mundo contrafactual e contraintuitivo de agentes sobrenaturais que controlam atividades existenciais das pessoas, como morte e desilusão.

Atran aborda a religião do ponto de vista da evolução biológica. Nessa orientação teórica, religião é um subproduto cognitivo do processo evolucionário humano. Perdurou por milhões de anos porque promove adaptação bem-sucedida. Essa visão inata da religião ajuda a explicar termos como "custoso", "difícil de falsificar", "contrafactual" e "contraintuitivo". Como a "crença em entes espirituais" de Tylor, Atran articula uma visão estritamente cognitiva de religião: ela existe como um fenômeno mental.

Há, ao menos, duas observações importantes a fazer a partir da comparação dessas nove definições. Primeiro, vamos recordar nosso conjunto de definições (Tabela 1.1).

Tabela 1.1 Nove definições de "religião"

Autor	Data	Definição
Tylor	1871	Crença em entes espirituais.
Frazer	1890	Uma propiciação ou conciliação de poderes superiores aos humanos que são considerados por dirigirem e controlarem o curso da natureza e da vida humana.
James	1902	Os sentimentos, atos e experiências de indivíduos em sua solidão na medida em que se concebem numa relação em que possam considerar o divino.
Durkheim	1912	Um conjunto unificado de crenças e práticas relativas a coisas sagradas, ou seja, coisas separadas e proibidas – crenças e práticas que unem uma comunidade moral única chamada Igreja, todos aqueles que aderem a elas.
Radin	1937	[Religião] consiste de duas partes: a primeira, um sentimento facilmente definível, embora não precisamente específico; e a segunda, certos atos, costumes, crenças e concepções específicos associados a esse sentimento. A crença mais inextricavelmente conectada ao sentimento específico é uma crença em espíritos fora dos humanos, concebidos como mais poderosos do que os humanos e como controlando todos aqueles elementos na vida sobre os quais colocam mais ênfase.

Autor	Data	Definição
Wallace	1966	Um conjunto de rituais, racionalizado pelo mito, que mobiliza poderes sobrenaturais para o propósito de obter ou impedir transformações de estado nos humanos e na natureza.
Geertz	1966	Um sistema de símbolos que atua para estabelecer disposições e motivações poderosas, generalizadas e duradouras nas pessoas por meio da formulação de concepções de uma ordem geral de existência revestindo essas concepções com essa aura de factualidade que as disposições e motivações parecem unicamente realistas.
Klass	1995	Aquele processo instituído de interação dos membros dessa sociedade – e entre eles e o universo como um todo como o concebem em sua constituição – que lhes dá significado, coerência, direção, sensação de unidade e qualquer nível de controle sobre eventos que percebam como possível.
Atran	2002	Um compromisso custoso e difícil de falsificar de uma comunidade com um mundo contrafactual e contraintuitivo de agentes sobrenaturais que controlam atividades existenciais das pessoas, como morte e desilusão.

A primeira observação é que essas definições apresentam uma série de aspectos como determinantes para definir religião. Alguns destacam somente um, como Tylor fez com crença. Alguns destacam múltiplos aspectos, como Durkheim faz ao chamar a atenção para crença, prática, o sagrado e a comunidade moral. Alguns elevam o social acima do individual; outros, como James, exaltam a experiência individual. Certos aspectos reaparecem sob formas diferentes. Por exemplo, Frazer, Durkheim, Geertz e Klass dizem do seu modo que religião estabelece ordem. Nenhuma amostra de definições poderia exaurir completamente os possíveis aspectos no estudo da religião, mas essa amostra nomeia muitos dos suspeitos usuais: crença, ordem, experiência, o sagrado, prática ritual e significado simbólico. (Observe uma ausência conspícua nessa lista: a materialidade. Como podem coisas – objetos físicos que estão ocorrendo naturalmente ou que são feitos por humanos – ser usadas para definir religião? O capítulo 3 nos ajuda a pensar sobre isso.)

Uma segunda observação é a que fizemos várias vezes: definições são indicações de compromissos teóricos e/ou normativos mais amplos. Devemos entender as definições de Tylor e Frazer à luz de seu evolucionismo cultural, a de Geertz, com relação à antropologia interpretativa, e a de Atran, com relação à antropologia evolucionária. Essa ligação entre definição e teoria nem sempre é cristalina, mas espero que esse exercício tenha demonstrado que haverá uma ligação, sendo seu trabalho, como leitores críticos, encontrá-lo.

Certamente, existem várias definições úteis de religião que não mencionamos. Nosso objetivo não era ser exaustivo (de qualquer modo, uma tarefa fútil!), mas demonstrar a importância que faz a diferença de definições. Podemos concluir disso que definir religião é um jogo sem vitória e não há sentido em jogá-lo. Mas e se adotarmos uma orientação diferente? E se presumirmos que nossos termos mais importantes são aqueles que geram o maior desacordo? Mesmo que uma definição milagrosa que seja universalmente satisfatória nos escape, o que ocorrerá, vamos nos beneficiar de fazer o trabalho de analisar por que definições são compostas como são.

Box 1.1 Definir "religião" é um jogo muito arriscado

Nesta seção, vimos como definições de "religião" fazem mais do que simplesmente definir; elas nos dizem o que está sendo priorizado no estudo da religião. Se vocês ainda estiverem se acostumando a essa ideia, poderiam expandir o exercício comparativo. Coletar mais três definições antropológicas de religião (simplesmente usando o Google ou por meio de um mecanismo de pesquisa de biblioteca).

- Que aspectos cada uma destaca? (e. g., crença, ritual, moralidade, ordem).
- Qual/quais orientação(ões) teórica(s) são refletidas por cada definição?
- Se vocês estiverem trabalhando com colegas de classe, troquem suas três definições uns com os outros e façam sua própria análise independente. Encontrem-se e comparem seus achados. Vocês identificam os mesmos aspectos? Vocês usam termos diferentes para falar de fenômenos similares? Vocês identificam orientações teóricas similares?

Se vocês estiverem confortáveis com esse exercício definicional, podem trabalhar com o seguinte.

Definir religião não é meramente um exercício acadêmico, tampouco é apenas de valor e consequência para estudiosos. Estados-nação também estão no jogo de definição de "religião", e suas conclusões possuem interesses legais, políticos e econômicos importantes. Por exemplo, nos Estados Unidos, obter *status* legal de "igreja" acarreta vários privilégios, incluindo: isenções em impostos sobre propriedades e leis de zoneamento; restrições a como e quando a Receita Federal pode conduzir uma auditoria tributária; e acesso a recursos do Office of Faith-Based Iniciatives (Escritório de Iniciativas Baseadas na Fé) do Departamento de Estado. Um exemplo famoso de uma organização buscando *status* legal de igreja é a Cientologia (URBAN, 2011). L. Ron Hubbard, o fundador do movimento da Cientologia, incorporou pela primeira vez uma igreja em 1953 e o Estado da Califórnia foi o primeiro a conceder o *status* de isenta de impostos à Cientologia como "igreja" em 1957. Contudo, de 1958 a 1993, a Igreja da Cientologia e a Receita Federal trocaram processos debatendo se a Cientologia deveria ser reconhecida como uma organização religiosa. A Cientologia venceu. Ainda assim, como um movimento com ambições globais, a Cientologia permanece não reconhecida como religião, dentre outros lugares, no Canadá, Alemanha, Grécia, Bélgica e França. Sozinhos, ou com a ajuda de colegas de classe, vocês podem explorar o website da Igreja da Cientologia: www.scientology.org/

- Como o movimento se representa como uma religião?
- Para quais aspectos (e. g., crença, ritual) o movimento apela?

Exemplos menos divulgados de pretensão e de questionamento de direitos de ser uma religião ocorrem regularmente nos Estados Unidos. Sozinhos, ou com seus colegas de classe, vocês podem examinar uma ação movida pela organização sem fins lucrativos American Atheists (Ateístas Americanos) (*American Atheists v. Shulman, 2014*): atheists.org/legal/current/IRS Sua ação visa a eliminar a distinção feita pelo Estado do Kentucky e a Receita Federal entre "organizações religiosas" e outras sem fins lucrativos, que só concedem a organizações religiosas um *status* de isenção de impostos.

- Que bases legais os Ateístas Americanos fazem seu questionamento?
- Como a crítica filosófica da religião por parte dos Ateístas Americanos é evidenciada?
- O que esse caso sugere sobre os interesses legais, políticos e econômicos de um Estado-nação em definir "religião"?

Críticas à "religião"?

Qualquer categoria que receba tanta atenção definicional quanto "religião" também está destinada a receber atenção crítica. Para alguns estudiosos, criticar é aprimorar uma categoria para melhor utilização. Nesta seção consideraremos duas críticas antropológicas de "religião": o ceticismo sobre a validade intercultural do termo, e questionamentos ao papel central da crença. Ao longo desses exemplos, refletiremos sobre por que alguns estudiosos dirigiram um olhar crítico para "religião" e que contribuições essas críticas fizeram à pesquisa comparativa em curso.

Questionando "religião"

Recorde da distinção de Frazer entre magia, religião e ciência. Recorde, também, que Frazer estava pensando como um evolucionista cultural. Como sistemas de explicação, "religião" é colocada em uma posição superior a "magia" e em uma posição inferior a "ciência". Uma crítica é que, ao continuarmos a usar o termo "religião", perpetuamos essa hierarquia. Aqui, "religião" é considerada inerentemente etnocêntrica, porque emerge de um sistema que valoriza a modernidade ocidental em detrimento de qualquer modo de vida alternativo.

E.E. Evans-Pritchard (1902-1973) foi um dos primeiros críticos da separação entre magia e religião como categorias discretas. "E-P", como colegas afetuosamente o conheciam, foi uma figura-chave na antropologia social britânica. Um etnógrafo consagrado, seu primeiro estudo de longo prazo foi entre os azande do sul do Sudão, a partir do qual escreveu seu primeiro livro: *Witchcraft, oracles, and magic among the Azande* (Bruxaria, oráculos e magia entre os azande) (1937). E-P foi em grande medida um antropólogo social, dedicado a explicar a estrutura e organização sociais. Mas também se encantou com a lógica interna da prática religiosa azande. Em particular, ficou fascinado com o quanto a bruxaria permeava a vida cotidiana: "não há nicho ou canto da cultura azande no qual não se entrelace" (18). Ele explicou que a bruxaria substitui um mecanismo como coincidência, ao fornecer uma pronta explicação para formas de outro modo inexplicáveis de dano, falha e infortúnio. "Vemos que a bruxaria tem sua lógica própria, suas próprias regras de pensamento, e que essas não excluem a causação natural. Crença em bruxaria é muito consistente com a responsabilidade humana e uma apreciação racional da natureza" (30). Como um sistema explanatório cotidiano, a bruxaria azande funciona extremamente bem para seus praticantes, não menos do que qualquer forma de religião e outros contextos culturais.

E-P escreveu contra uma divisão estrita religião-magia com base na força de seu trabalho de campo etnográfico. Uma crítica teórica mais ambiciosa veio de um de seus alunos, Talal Asad (1933-). Em seu livro *Genealogies of religion: discipline and reasons of power in Christianity and Islam* (Genealogias da religião: disciplina e razões de poder no cristianismo e islamismo) (1993), Asad historicizou o conceito de religião e seu papel na antropologia. Ele remontou o uso moderno da categoria à Europa da Reforma, onde definir "religião" era um projeto especificamente cristão voltado para separar religião de outros domínios sociais (e. g., a política). Asad argumentou que "não pode haver uma definição universal de religião" (29) porque todas essas definições terminam refletindo o contexto histórico e ideológico de sua produção mais do que qualquer fenômeno objetivo.

Asad disseca cuidadosamente a definição de Geertz de 1966, usando-a para exemplificar os problemas inerentes de posicionar uma definição universal. Para Asad, um problema tem a ver com reconhecer apropriadamente o papel da autoridade na vida religiosa. Ao promover produtos culturais como símbolos para o centro da religião, Geertz ignora as condições e processos sociais que produzem, circulam e dotam aqueles produtos de autoridade. Essas condições e processos são exemplos perfeitos de relações de poder desigual; somente certas pessoas têm a habilidade de produzir, circular e dotar. (Considere a diferença entre analisar o significado de símbolos e analisar os caminhos institucionais e ideológicos pelos quais esses símbolos se legitimizam.) A suspeita de Asad de que religião é uma categoria válida emerge de seu compromisso teórico, compreender as relações de poder, inspirado pelos pensadores pós-coloniais como Michel Foucault e Edward Said.

Um antropólogo holandês, Peter van der Veer, estende a crítica de que religião é uma expressão do colonialismo ocidental. Em seu livro *The modern spirit of Asia: the spiritual and the secular in China and India* (O espírito moderno da Ásia: o espiritual e o secular na China e na Índia) (2014), Van der Veer compara como funcionários indianos e chineses lidaram com as diversas tradições em suas fronteiras geopolíticas. Ele argumenta que se tornar moderno (ou seja, juntar-se às nações ocidentais como parte de uma elite global) significava realizar uma divisão entre o religioso e o secular:

> É o imperialismo que força indianos e chineses a interpretarem suas tradições em termos da categoria de religião e sua oposição ao secular... É o contexto imperial que produz uma trajetória notavelmente similar que essencializa hinduísmo, budismo, islamismo, cristianismo, taoismo e inclusive confucionismo a entidades comparáveis, sujeitas à nova disciplina secular da religião comparativa ou ciência da religião (145).

Aqui, a categoria de "religião" funciona como um dispositivo político, um modo de categorizar pessoas que era familiar e aceitável ao pensamento ocidental. Sistemas nativos que variavam amplamente de um local para outro e se combinavam muito livremente foram "essencializados". Foram transformados em entidades singulares, nomeáveis e descritíveis que eram separadas de outros sistemas: budistas não são taoistas que não são confucianos. Para Van der Veer, esse uso político de "religião" estimulou o imperativo colonial de lidar com a plebe.

Problemas com crença

Religião é uma categoria normativa dominada pelo etnocentrismo? Críticos como Asad e Van der Veer, que são favoráveis a essa crítica, questionam a validade intercultural de "religião" a fim de melhorar a antropologia. Eles não são apenas opositores. Estão tentando construir estruturas melhores para compreender as pessoas e seus mundos socioculturais. Esse objetivo de melhorar também alimentou suspeitas sobre "crença".

Críticos visam "crença" porque desempenhou um papel proeminente na antropologia da religião. Crença é usada em definições para caracterizar a natureza da religião. Crença é usada para diferenciar um grupo de outro: os religiosos e não religiosos têm crenças divergentes; hindus diferem de muçulmanos e judeus e siques e budistas e cristãos pelas crenças que eles exigem. E a crença parece chancelar a ação: as pessoas fazem coisas – ritual religioso, violência religiosa, caridade religiosa – devido às crenças que sustentam.

A primeira dissecação de "crença" veio em um livro de 1972 do antropólogo britânico Rodney Needham (1923-2006), *Belief, language, and experience* (Crença, linguagem e experiência). Needham implorou para que o termo fosse abandonado. Ele argumentou que carecia de confiabilidade intercultural; evidente pelo fato de que o termo inglês muitas vezes carece de um equivalente em outras línguas. E os múltiplos significados de "crença" colocam problemas quando chega a hora da análise e da escrita. Por exemplo, "aceitação de uma proposição como verdadeira" não é o mesmo que "compromisso confiante". Para Needham, a tarefa de capturar e representar a vida interior das pessoas não é factível porque crenças não espelham diretamente o que as pessoas experienciam e não podem ser transmitidas linguisticamente de forma direta. Em suma, "crença" é mais prejudicial do que benéfica.

Parte da crítica de Asad (1993) foi dirigida a crença, ecoando ensaios de Jean Pouillon, "Remarks on the verb 'to believe'" (Observações sobre o verbo "crer") (1979), e de Malcom Ruel, "Christians as believers" (Cristãos como fiéis) (1982). Uma vez mais, Asad vê Geertz como exemplar do problema. Ele argumenta que o uso de Geertz de crença é um conceito "cristão privatizado moderno" (47) porque invoca a teologia protestante segundo a qual a crença individual é necessária à salvação. A preocupação aqui é que a bagagem teológica de uma tradição religiosa infiltrou um conceito que é usado para análise intercultural.

Outras críticas insistem em que crença distorce a diversidade complicada efetiva das vidas religiosas reais. O termo sinaliza muito estreitamente compromisso determinado, religioso, o que desprivilegia outras possibilidades. E quanto ao papel da dúvida e da incerteza na formação do compromisso religioso? (ENGELKE, 2007). E quanto a uma visão mais dinâmica que substitui uma crença estável, completamente internalizada, por um processo ativo, investigativo, mas nunca completamente resolvido de crença? (KIRSCH, 2004). E quanto às (lacunas) discrepâncias entre proclamações religiosas oficiais (doutrinas, credos, votos) e os compromissos confusos, vividos, dos atores religiosos cotidianos? (BIELO, 2011). Mary Douglas, outra figura proeminente na antropologia da religião, escreveu certa vez: "As pessoas não ouvem necessariamente os pregadores" (1966: 196).

Junto a essas suspeitas sobre crença podemos levantar uma questão crítica mais direta, mas não menos poderosa. Em que bases analíticas podemos corretamente elevar a crença para algo mais central à religião do que a prática ritual, a materialidade (objetos, espaços construídos, cenários), formas de incorporação, ou os processos autorizadores que concedem poder e autoridade? (Vocês poderiam manter essa questão consigo ao longo dos capítulos restantes. Vocês têm uma resposta agora? Caso tenham, registrem-na em suas observações e a revisitem após o capítulo 6.) Por enquanto, espero que vocês vejam o benefício substancial a ser obtido com a escrutinização de um conceito individual, como crença, e de uma categoria organizadora, como religião.

Box 1.2 Religião além das religiões

Como poderia a religião estar presente além das fronteiras das tradições religiosas definidas? Uma crítica bem-estabelecida em estudos religiosos e na antropologia é que o estudo da religião não deveria ser confinado ao que prontamente denominamos "religioso". Ou seja: o mundo que denominamos "não religioso" retém e estimula práticas religiosas, estéticas, aspirações e modos de construção do mundo?

Jonathan Z. Smith, um historiador da religião, escreveu um ensaio intitulado "Religion, religions, religious" (Religião, religiões, religioso) (1998). Nele, faz uma crítica à "religião" similar à de Asad, historicizando a categoria para revelar sua bagagem social e intelectual. Contudo, seu propósito era diferente. Asad queria demonstrar as limitações de "religião" para antropólogos. Smith queria demonstrar como, a despeito de sua história, esse termo estabelece "um horizonte disciplinar que um conceito como 'linguagem' desempenha na linguística" (281). Parte da agenda de Smith é sugerir um horizonte aberto, não preso ao que denominamos "religiões mundiais" ou "religiões menores" (uma distinção assim, ele indica, é um produto de desigualdades de poder globais). Para vermos religião fora das religiões devemos perguntar onde mais encontramos os elementos e processos que são centrais ao fazer e praticar religião: separar o que é sagrado do que é profano, criar estruturas rituais, definir tabus, buscar purificação, e assim por diante.

Um exemplo do campo da história religiosa americana é o trabalho de Kathryn Lofton *Oprah: the Gospel of an icon* (Oprah: o Evangelho de um ícone) (2010). Lofton usa conteúdo midiático do império de Oprah Winfrey para analisar como os aspectos religiosos da cultura popular, de consumo e de celebridades transformaram Oprah, a pessoa, em Oprah, o produto. Seu argumento não é que Oprah de algum modo tenha criado uma nova religião, mas que Oprah "(representa) personifica o religioso" (9) por meio de uma variedade de estilos e estratégias: da missionação global à pregação e à transformação ritual. (Alguma vez já considerou uma mudança de visual como um tipo de conversão?)

Sozinhos, ou com seus colegas de classe, façam uma análise inspirada na de Lofton da revista online de Oprah: *O, The Oprah Magazine*.

- Quais temas religiosos são visíveis? Como vocês os identificam como "religiosos"?
- Como a revista inspira temas religiosos em sujeitos "não religiosos"?
- Como vocês conceberiam uma etnografia de produção cultural no império de Oprah?
- Como vocês conceberiam uma etnografia de consumo cultural no império de Oprah?
- Como essa etnografia ajudaria a compreender o modo como Oprah "(representa) personifica o religioso"?

Divisões emaranhadas, religião secular

Como "religião" assumiu sua forma moderna no século XVII, foi amplamente definida e compreendida em relação a outra categoria, "o secular". Isso foi particularmente verdadeiro em contextos cívicos do governo, educação e direito. O trabalho de Peter van der Veer indica um importante desenvolvimento na antropologia da religião: estudar as interseções mutuamente efetivas das formações religiosas e seculares. Com esse desenvolvimento, o problema de definir a religião atinge uma distinção particular. Foi o foco dos primeiros antropólogos como Tylor e Frazer que estudaram as origens religiosas, e é agora o foco de estudiosos que ocupados com o modo como os emaranhados entre a religião e o secular operam no cenário mundial.

Portanto, o que é "o secular"? Nossa discussão, até aqui, deveria sugerir que uma resposta como "o não religioso" não será satisfatória. Além disso, o secular tem seu próprio passado complicado vinculado a afirmações políticas de secularismo, afirmações ideológicas de secularidade e afirmações acadêmicas de secularização. O sociólogo José Casanova nos ajuda a compreender o secular com seu livro *Public religions in the modern world* (Religiões públicas no mundo moderno) (1994).

Casanova esboça três versões de secularização, das quais apenas uma é apoiada empiricamente. A primeira versão é por vezes chamada a tese de desencantamento, que argumenta que a Modernidade é uma época de crescente racionalização (pense: progresso científico) e, por sua vez, de compromisso religioso decrescente (i. e., desencantamento). Empiricamente, essa tese parece estar errada: a era moderna experienciou aumentos globais drásticos tanto em compromisso religioso quanto em diversidade religiosa. O desencantamento também repousa na ideia ingênua de que religião e ciência estão presas em um jogo de soma zero pela lealdade dos públicos.

A segunda versão pode ser chamada a tese da privatização, que argumenta que a Modernidade testemunhará uma erosão crescente da religião da vida cívica das sociedades e será confinada à vida privada dos indivíduos. Essa é a versão que Casanova ataca mais incisivamente devido à intensa presença de numerosos movimentos religiosos na vida pública moderna. Entre outros, ele cita a influência do cristianismo evangélico nas eleições ao Congresso e à presidência americanos, o trabalho humanitário transnacional de organizações de fé, a Revolução Islâmica de 1979 do Irã e o sucesso político do nacionalismo hindu na Índia.

A terceira versão de secularização de Casanova pode ser denominada a tese de diferenciação. O argumento aqui não é sobre o declínio religioso ou a quarentena privada; é o de que a Modernidade tatuou com sucesso e permanentemente religião como algo distinto de outros domínios sociais (e. g., política, direito, medicina, ciência). Além disso, a diferenciação secular marcou religião como menos legítima do que essas alternativas para suas respectivas tarefas (e. g., governo, especialidade legal, cura e o conhecimento do mundo natural). A religião perdeu o *status* de uma visão do mundo tácita; agora, deve competir com outras autoridades pela confiança e lealdade públicas. Vivemos em uma época secular na medida em que a tese da diferenciação é verdadeira.

Não surpreende que, dadas suas críticas que revisamos acima, Talal Asad figure proeminentemente na antropologia do secularismo. Em seu livro de 2003, *Formations of the secular: Christianity, Islam, Modernity* (Formações do secular: cristianismo, islamismo, modernidade), ele argumenta que o secular não deveria ser concebido como meramente o oposto de religião, nem como um tipo de ausência ou força invisível. Secularismo, como religião, é um produto da ação social que é ativamente mantida, negociada e contestada. Uma questão viva para antropólogos da religião é esta: Que variedades de secularismo foram produzidas e quais são seus efeitos?

Secularismos

Um lugar para começar uma antropologia comparativa de secularismo é com as condições produzidas dentro de contextos nacionais particulares. *The modern spirit of Asia* (O espírito moderno da Ásia) (2014), de Van der Veer, é um bom exemplo. Nele, ele contrasta as diferentes formas de estado de desenvolvimento secular na China e na Índia. Contrário à opinião popular, a vitória comunista de 1949 na China não iniciou um secularismo antirreligioso total. Havia uma longa história anticlerical pré-1949, na qual tradições como budismo e taoismo eram aceitáveis como moralidades e filosofias, mas não como religiões. O sentimento anticlerical se opunha muito mais à infraestrutura religiosa oficial (prédios, clérigo e outras formas institucionais) do que às ideias budistas e taoistas. O Estado pós-1949 manteve essa abordagem e acrescentou uma ideologia segundo a qual "racionalismo" e "cientificismo" eram incompatíveis com "misticismo" e "superstição". O secularismo indiano, por outro lado, insistia em uma política de não interferência do Estado na religião. O Estado secular foi considerado uma solução ao conflito pluralista (ou seja, entre hindus e muçulmanos) não um meio de erradicar todas as religiões institucionais. A Índia também promoveu o cientificismo, mas diferente da estratégia chinesa de elevar a ciência acima das tradições nacionais, a Índia destacou a natureza científica das tradições nacionais.

Uma segunda comparação reveladora de secularismos estatais divergentes é o da França e da Turquia (GOLE, 2010; STEPAN, 2011). Após a Guerra da Independência em 1923, a Turquia seguiu a lei *laïcité* francesa de 1905, que separa estritamente "Igreja" e "Estado" e bane expressões religiosas na vida pública. (Isso difere da lei constitucional americana, que não é fundada em uma esfera pública não religiosa, mas na não interferência do Estado no livre-exercício da religião e na proibição do estabelecimento de uma religião estatal.)

Na França, religiões majoritárias e minoritárias recebem (ao menos oficialmente) *status* legal igual. Na Turquia, existem ao menos seis diferenças cruciais: um escritório estatal (a presidência dos Assuntos Religiosos) exerce o controle sobre a maioria da população muçulmana sunita (e. g., o escritório estatal escreve os textos dos sermões semanais apresentados nas mesquitas locais); para as mesquitas que conduzem cerimônias públicas, seus clérigos têm de ser autorizados e aprovados pelo Estado; o Estado não fornece apoio financeiro para as religiões minoritárias e elas não têm permissão para organizar cerimônias públicas; alunos formados em escolas públicas islâmicas não têm permissão para frequentar universidades estatais, a menos que se matriculem como alunos de teologia; ensinar a escrita islâmica a qualquer pessoa menor de 12 anos de idade é proibido; e o Estado proíbe minorias não muçulmanas de se formar legalmente como organizações religiosas e de construírem locais de culto (STEPAN, 2011). Embora França e Turquia aleguem a ideologia da *laïcité*, experienciam ambientes seculares muito diferentes.

As comparações de China-Índia e França-Turquia revelam que secularismos de Estado podem assumir formas amplamente diferentes. Algumas questões etnográficas convincentes se apresentam a partir disso. Como realidades legais e políticas criam condições nas quais atores religiosos, não religiosos e antirreligiosos existem na vida cotidiana? Como esses atores respondem a problemas de pluralismo religiosos e multiculturalismo? Como atores religiosos participam da esfera pública e com que tensões eles devem lidar ao fazerem isso?

Secularismos pós-soviéticos

Uma área excitante de pesquisa emergiu em torno de emaranhados de religião-secular nos estados pós-soviéticos. De 1922 a 1991, a URSS existia como um Estado socialista que promoveu o ateísmo científico e um viés negativo contra religião (cf. LUEHRMANN, 2011) para uma análise atenta de como o secularismo foi produzido e consumido). Em dezembro de 1991, a URSS se dissolveu, criando 15 novas nações independentes: Armênia, Azerbaijão, Belarus, Estônia, Geórgia, Cazaquistão, Quirguistão, Látvia, Lituânia, Moldávia, Rússia, Tajiquistão, Turcomenistão, Ucrânia e Uzbequistão. O bloco soviético é um estudo de caso surpreendente na transformação social, política e econômica. Também provoca questões fascinantes sobre a relação entre o passado soviético antirreligioso da região e os emaranhados de religião-secular de seus futuros possíveis. Considere três exemplos etnográficos de identidade religiosa em diferentes contextos pós-soviéticos. Considerados juntos, que lições eles sugerem sobre a natureza da religião em meio aos secularismos pós-soviéticos?

A etnografia de Sascha Goluboff, *Jewish Russians: upheavals in a Moscou Synagogue* (Russos judeus: sublevações em uma sinagoga de Moscou) (2003), examina as vidas de judeus ortodoxos na Rússia pós-soviética. O trabalho de campo de Goluboff se concentrou em uma sinagoga proeminente de Moscou cuja demografia espelha as transformações sociais pós-soviéticas da Rússia. Uma população, basicamente, mais velha de judeus russos ora junto a judeus ocidentais visitantes (principalmente de Israel e dos Estados Unidos) e migrantes judeus de ex-repúblicas soviéticas (principalmente da Geórgia, Azerbaijão e Bukhara da Ásia Central). Durante seu trabalho de campo, aproximadamente um quinto dos judeus de Moscou era de imigrantes. Isso se deveu a uma fronteira nacional mais fluida e a um ambiente religioso mais aberto em seguida à dissolução da URSS. A diversidade étnica e religiosa na sinagoga a tornava um espaço disputado, no qual pretensões concorrentes a identidade judaica e cidadania autênticas se confrontavam. Em um momento empolgante do trabalho de campo, Goluboff captura uma briga de socos entre um judeu israelense – na Rússia fazendo trabalho de caridade e administrando um pequeno negócio – e um judeu georgiano. Ostensivamente, a luta irrompeu porque o georgiano não estava se movendo para um espaço ritual reservado para migrantes tão rapidamente quanto os israelenses queriam. Na verdade, a luta foi a efusão de tensões entre as facções da sinagoga. Nenhum lado entendeu a luta em termos religiosos ou rituais. Em vez disso, foi interpretada pelas lentes da diferença étnica e acesso diferencial aos recursos sociais e materiais da congregação.

A etnografia de Catherine Wanner, *Communities of the converted: Ukranians and global evangelism* (Comunidade dos convertidos: ucranianos e evangelismo global) (2007), explora o crescimento fenomenal pós-1992 do cristianismo evangélico e carismático na Ucrânia. Kiev é agora o lar da maior congregação da Europa, uma megaigreja carismática liderada por um migrante nigeriano chamado Sunday Adelaja. Como isso ocorreu? O caráter do Estado ucraniano incluía uma abertura de suas fronteiras, que foram formalmente definidas pelas barreiras soviéticas. Um efeito foi uma afluência de missionários norte-americanos bem financiados. Dada a história particular e estrutura legal da Ucrânia, o cristianismo ortodoxo não era favorecido pelo Estado como em Belarus e na Rússia. O resultado foi um mercado religioso mais aberto após a independência. Igrejas evangélicas, apoiadas por esses missionários norte-americanos, ganharam proeminência pública ao realizarem uma variedade de serviços sociais que foram abandonados quando o Estado mudou do socialismo para o capitalismo global de mercado. Por sua vez, a Ucrânia se tornou um centro regional de treinamento de pastores e missionários que depois vão para outras nações pós-soviéticas, Leste Europeu e outros lugares do mundo.

Alguns novos missionários da Ucrânia terminaram no Quirguistão, que foi o sítio etnográfico para Julie McBrien e Mathijs Pelkmans (2008) explorarem como secularistas estatais interagem com missões muçulmanas e cristãs. A campanha antirreligiosa soviética no Quirguistão focou a infraestrutura religiosa oficial (e. g., prédios de igrejas), deixando intactos os rituais da vida privada (e. g., ritos cíclicos da vida familiar). Isso criou uma população majoritária que se identificava como "muçulmana" e "secular", na qual ser muçulmano foi transformado de uma identidade religiosa em uma identidade etnonacional. Essa população de muçulmanos seculares respondeu muito negativamente ao influxo missionário pós-soviético. Missionários islâmicos eram vistos como extremistas, associados a violência terrorista e discriminação de gênero. Missionários cristãos eram chamados uma ameaça nacional. Um exemplo surpreendente de ultraje secularista ocorreu em um editorial de 2002 no jornal diário do Quirguistão. O editorial torceu a famosa afirmação de Marx, "ópio do povo", para um fim não intencionado: "Em pequenas quantidades [religião] é remédio. Em grandes quantidades, é veneno" (McBRIEN & PELKMANS, 2008: 98). Por meio de proclamações públicas como essa, o quirguiz secular tentou manter um sentimento de unidade nacional e estabilidade política fundado na moderação religiosa.

Box 1.3 Da religião pública à publicidade religiosa

A afirmação central de Casanova em *Religiões públicas no mundo moderno* é que as religiões modernas experienciam a "desprivatização" em meio a um cenário geral de diferenciação religião-secular. Religiões estão "questionando a legitimidade e autonomia das esferas seculares básicas, do Estado e da economia de mercado" (1994: 5). Casanova demonstra que tradições religiosas em lugares particulares na verdade se tornaram públicas. Mas o que poderíamos aprender com uma descrição etnográfica da religião no processo de se tornar pública? O que uma etnografia assim nos ensina sobre como atores religiosos vislumbram uma audiência pública, usam estratégias para atingir essa audiência, e criam para si uma presença pública?

Isso é precisamente o que temos com *God's agentes: Biblical publicity in contemporary England* (Agentes de Deus: publicidade bíblica na Inglaterra contemporânea) (2013) de Matthew Engelke. A etnografia de Engelke trata de uma organização de caridade situada na Inglaterra, a British and Foreign Bible Society (Sociedade Bíblica Britânica e Estrangeira). Em particular, ele foca uma pequena equipe na Sociedade, a Bible Advocacy Team (Equipe de Defesa da Bíblia). A missão da equipe é aumentar a presença da Bíblia na vida pública inglesa. Engelke documenta a equipe em ação – das salas do conselho às ruas da cidade – como eles criam ideias, planejam e implementam estratégias para gerar "publicidade bíblica". Os trabalhos da equipe revelam uma dinâmica recorrente. Eles estão convencidos de que o público que esperam atingir é "secular": na melhor das hipóteses, biblicamente iletrado, e, na pior, hostil ao que quer que seja bíblico. Eles veem seu trabalho como tendo de percorrer um campo minado de sentimento antirreligioso.

Em uma de suas campanhas públicas, a equipe criou uma exibição para a estação de Natal na cidade inglesa de Swindon. O tema organizador da exibição era "Anjos em Swindon", uma coleção de imagens de anjos colocadas ao longo do principal distrito de compras de Swindon. O tema dos anjos foi um bom meio-termo para a equipe, decididamente espiritual, mas não agressivamente cristão. Eles foram suspensos sobre a multidão, ainda visíveis, e a brisa podia ser vista e ouvida passando pelas asas. Engelke descreve essa campanha como produzindo um "ambiente de fé", onde os anjos funcionam de formas materiais e sensórias para indexar uma espiritualidade geral, em vez de abertamente proclamar uma mensagem singular. Em seu trabalho de publicidade bíblica, a equipe tenta constantemente recombinar a diferenciação estrita de espaço religioso e espaço secular.

Trabalhem com um colega de classe para descobrir e analisar dois exemplos de publicidade religiosa, cada uma de uma tradição religiosa diferente. Dividam o trabalho igualmente, um exemplo para cada um. Primeiro, decidam juntos por que tipo de projeto buscar. Algumas possibilidades incluem: promoções, programas de rádio, programação televisiva, produção de filmes, museus, ou locais de entretenimento religiosos. Quando vocês tiverem seus exemplos, reúnam-se e tratem do seguinte:

- Que tipo de presença pública cada projeto busca obter?
- Que estratégias eles usam para obter essa presença?
- Vocês podem identificar que audiências estão sendo almejadas? Como?
- O secular é representado de algum modo? Como e de que modo vocês identificam o secular?
- Em que condições sociais esse tipo de projeto está trabalhando? Que impactos essas condições têm nesse exemplo de publicidade religiosa?

Sumário do capítulo

Neste capítulo, examinamos criticamente "religião" como a categoria organizadora para a antropologia da religião. Nossa primeira tarefa foi a definição. Por meio da comparação de nove definições, vimos que o ato de definir pode estabelecer uma atitude normativa para com a religião, elevar alguns aspectos particulares da religião sobre outros, e espelhar compromissos teóricos de um estudioso.

Depois, consideramos algumas críticas antropológicas de "religião". Alguns estudiosos desconfiam da categoria inteira, vendo-a como retardada pela bagagem etnocêntrica. Exploramos também críticas de "crença", um conceito fundamental no estudo antropológico da religião que gerou suas próprias suspeitas. Essa seção fechou com uma provocação: a de que religião pode também prosperar fora de tradições religiosas definidas. Minha esperança ao apresentar essas vozes críticas é ilustrar como o estudo da religião é ampliado quando nos recusamos a aceitar ideias tacitamente ou em seu sentido literal.

Nossa terceira seção colocou "religião" em diálogo com a categoria do secular. Emaranhados religião-secular são incrivelmente importantes para entender a dinâmica da religião na vida moderna. Comparamos os secularismos da China, Índia, França e Turquia, demonstrando como projetos seculares estatais podem diferir amplamente um do outro. Para obter um sentido mais completo para como condições seculares particulares impactam a vida religiosa, foquei etnograficamente três contextos pós-soviéticos. Concluímos essa seção traçando uma distinção útil entre religião pública e publicidade religiosa.

Por fim, este capítulo nos ajuda a pensar sobre conteúdos e fronteiras abrangentes da vida religiosa. Fiz uma aposta no começo, a de que ao final vocês compreenderiam por que uma resposta definitiva, sucinta, para o que é religião seria inútil e, inclusive, equívoca. Apostei sensatamente? Minha esperança é que vocês estejam agora equipados a pensar criticamente sobre o que é religião, que agenda(s) vocês podem criar para estudar religião, e por que a antropologia da religião é crucial para nosso entendimento comparativo e holístico da condição humana.

Sugestões de leitura complementar

Junto aos trabalhos citados neste capítulo, considere estes livros e ensaios os próximos passos produtivos. Para dar seguimento a "Definir é teorizar", *Anthropological studies of religion: an introductory text* (Estudos antropológicos de religião: um texto introdutório) (Cambridge University Press, 1987) esboça seis tradições teóricas que empregam a categoria de "religião" diferentemente. Uma revisão perspicaz do estado do campo é "Recent developments in the anthropology of religion" (Desenvolvimentos recentes na antropologia da religião) (em *The New Blackwell Companion to the Sociology of Religion*. Blackwell, 2010). Para "Críticas de 'Religião'", recomendo duas coleções editadas. Uma edição especial de 2008 da revista *Social Analysis* (52(1)) reúne 11 ensaios que interrogam a categoria "crença". *Magic and Modernity: interfaces of revelation and concealment* (Magia e modernidade: interfaces de revelação e ocultação) (Stanford University Press, 2003) examina os muitos modos pelos quais o pensamento, prática e instituições mágicos ainda operam nos contextos modernos. Para explorar mais "Divisões entrelaçadas, religião secular" há um ensaio de revisão excelente de Fenella Cannell, "The anthropology of Secularism" (A antropologia do secularismo) (*Annual Review of Anthropology*, 2010). Das muitas etnografias valiosas que exploram as interações religião-secular, uma boa com a qual começar é a de John Bowen *Why the French don't like headscarves: Islam, the state, and public space* (Por que os franceses não gostam de lenços de cabeça: islã, o Estado e o espaço público) (Princeton University Press, 2008).

2
Fazer etnografia religiosa

Há desafios particulares em fazer trabalho de campo etnográfico que focam as vidas e mundos religiosos? Esse é um modo de formular o problema central deste capítulo. Para começar, considerem um livro amplamente citado sobre um curandeiro afro-caribenho que vivia em Nova York.

Mama Lola (Mamãe Lola) (BROWN, 1991) é "uma biografia espiritual etnográfica" (xiv) de uma sacerdotisa vodu do Haiti vivendo no Brooklin. O livro é o produto de 12 anos (1978-1990) de trabalho de campo e escrita. Venceu dois prêmios prestigiosos: um da American Academy of Religion e um da American Anthropological Association. *Mama Lola* provocou debate e discussão desde sua publicação, em parte devido à amizade íntima que foi forjada entre sua autora, Karen McCarthy Brown, e seu personagem central, Alourdes ("Ah-lood"), cujo apelido é Mama Lola.

Sacerdotes e sacerdotisas vodu medeiam entre "os vivos" (BROWN, 1991: 4) e os espíritos. Eles constroem altares rituais para honrar e convidar os espíritos. Eles usam seu corpo para receber os espíritos, canalizando os dons e poderes únicos de espíritos individuais para aconselhar e curar clientes que vêm em busca de ajuda. Sacerdotes e sacerdotisas vodu auxiliam pessoas "com problemas de saúde e com uma série de dificuldades amorosas, profissionais e familiares" (5). Durante toda sua etnografia e sua relação estreita com Alourdes, Karen McCarthy Brown decidiu que não poderia "permanecer uma observadora imparcial" (9). Três anos em sua pesquisa Brown aceitou o convite de Alourdes para ser iniciada em sua família vodu, mudando a vida pessoal e profissional de Brown. Ela começou a auxiliar Mama Lola nos rituais de cura, em vez de apenas observá-los e documentá-los. E ela começou a usar o vodu quando necessitava de cura para seus próprios problemas. "Se persistisse estudando o vodu objetivamente, o núcleo do sistema, sua habilidade para curar, permaneceria fechado para mim" (10). Em um ensaio complementar, Brown (2002) refletiu:

> Meus colegas acadêmicos levantaram questões. Perdi minha objetividade? Minha amizade com Alourdes enviesou minha descrição de sua história familiar, sua vida diária e sua espiritualidade? Minha participação no vodu distorceu o modo como apresentei a religião? A resposta a todas essas perguntas é um qualificado Sim, embora isso não me perturbe tanto quanto alguns de meus colegas desejavam que perturbasse (129).

O exemplo de Brown, Alourdes e *Mama Lola* levanta, de fato, questões importantes. Como lidamos com as relações intensas que forjamos durante o trabalho de campo junto aos nossos objetivos acadêmicos de pesquisa? O que significa observação participativa, um traço distintivo da etnografia, em contextos religiosos onde os interesses da participação podem ser especialmente altos? O que, de fato, é comprometido ou ganho quando pesquisadores encontram valor pessoal na religião sobre a qual estão no campo para aprender? Qual é o lugar adequado, caso haja algum, para noções como "objetividade" ou "viés" ao fazermos etnografia religiosa?

Como alunos, nessa classe ou no futuro próximo, vocês poderiam começar a fazer antropologia da religião ao conduzirem sua própria pesquisa. Quando fizerem isso, questões como essas surgirão em seus próprios esforços para entrar em uma comunidade religiosa, passar a entender alguns aspectos sobre ela, e depois tentar apresentar o que vocês aprenderam. Nosso propósito neste capítulo é dar a vocês uma noção da série de questões e problemas com os quais antropólogos profissionais se envolvem quando fazem etnografia religiosa e, por sua vez, prepará-los para o mesmo.

Etnografia e religião

A primeira seção importante deste capítulo explora uma questão que Karen McCarthy Brown confrontou de frente: Qual meu entendimento sobre, e minha relação com, a religião que estou investigando? Antes de irmos lá, e para tornar essa ida mais produtiva, deveríamos dizer algumas palavras sobre etnografia como um método antropológico e um modo de conhecimento.

Para antropólogos culturais, e para muitos estudiosos em estudos religiosos e na sociologia da religião, o trabalho de campo etnográfico é a forma básica de conhecermos o que conhecemos e a base primária para construir as representações que construímos. Como uma metodologia, a etnografia se distingue por alguns princípios básicos. Primeiro, tem a ver com estar lá, onde quer que seja. Seja uma caminhada curta, uma viagem de carro curta, um voo curto ou um longo seguido por uma longa viagem de carro e por uma longa caminhada, os etnógrafos vão às pessoas que querem conhecer. Segundo, o trabalho de campo etnográfico é extenso, ou de longo prazo. Esses são termos relativos; para alguns isso significa um ano, para outros várias parcelas de vários meses, para outros pode equivaler a várias décadas. De qualquer modo, não há algo como etnografia *ande depressa, entre e saia, passe ao largo*. Por último, a etnografia usa múltiplas técnicas para coletar dados. Vou considerar que todos os etnógrafos usam alguma técnica que seja amplamente praticada (e. g., entrevistas) e alguma técnica que seja formulada especificamente para os detalhes únicos do contexto de seu próprio trabalho de campo. Mas todos os etnógrafos se baseiam em um conjunto complementar de práticas de trabalho de campo que lhes permitem entender o que estão estudando.

Para usar uma antiga piada: se reunirmos dez etnógrafos em uma sala provavelmente teremos onze opiniões sobre como o trabalho de campo deveria ser feito. Um pouco exagerado, mas um pouco verdadeiro também. Diferentes etnógrafos enquadram a mesma metodologia de modos diferentes. Três enquadramentos típicos são ciência, arte e ofício. Enquanto alguns se identificam com somente uma dessas, outros combinam duas ou as três. Pessoalmente, gosto de pensar a etnografia como partes iguais de ciência, arte e ofício.

Aqueles que veem a etnografia como um tipo de ciência destacam o fato de que o trabalho de campo etnográfico é concebido e conduzido sistematicamente. Estamos preocupados com padrões de confiabilidade e acurácia. E contribuímos para áreas comparativas de pesquisa a fim de promover a teoria. Ver a etnografia como arte reconhece os modos humanos – na verdade, apaixonadamente humanos – pelos quais o trabalho de campo produz conhecimento intersubjetivamente. Sob muitos aspectos, o sucesso e fracasso etnográficos dependem de quão bem as relações humanas são estabelecidas e cultivadas. Em *Mama Lola*, McCarthy Brown descreve seu trabalho como "uma forma de arte social" (1991: 2), vinculada a vulnerabilidade, confiança, excitação, arrependimento, curiosidade, paciência e outras qualidades que definem a vida relacional. Abordar a etnografia como um ofício chama atenção para um fato simples, mas profundo: embora sempre melhorarmos no fazer etnografia, nunca a aperfeiçoamos. Como o *luthier* ou o produtor de vinho, o único modo de os etnógrafos melhorarem é constantemente aperfeiçoando seu ofício. Isso tem ramificações. Para um, a etnografia é tempo e trabalho intensivo; não pode ser apressada e certos frutos vêm somente por meio de investimentos prolongados. Embora seja laborioso, um ofício é também fundamentalmente criativo. Ofícios são tradições vivas; técnicas individuais que se tornaram segunda natureza, mas a própria tradição é aberta, propensa a invenção e adaptação.

Estender-se nos dilemas metodológicos e existenciais do fazer etnografia, como fazemos neste capítulo, reflete uma mudança profunda na antropologia. A virada crítica, como é muitas vezes chamada, lança um olhar reflexivo para a etnografia como uma forma de conhecimento. Essa virada emergiu de várias fontes que coalesceram nas décadas de 1970 e 1980. Teorias raciais pós-coloniais, feministas e críticas demonstraram quantas estruturas metodológicas e teóricas nas ciências sociais reproduziam ideologias dominantes, muitas vezes opressivas (e. g., SAID, 1978). Antropólogos dedicados buscaram revelar como o trabalho de campo está repleto de contingências, ambiguidades, incertezas e relações estranhas que são integrais ao conhecimento que produzimos (e. g., RABINOW, 1977). Outros reenquadraram a etnografia de um processo de pesquisa, no qual os antropólogos descobrem verdades culturais (como tesouros enterrados esperando para serem desenterrados), para um processo intersubjetivo no qual nosso conhecimento emerge de encontros e diálogos em trabalhos de campo particulares (e. g., DWYER, 1982). E uma crítica poderosa emergiu em torno das limitações e convenções de representações antropológicas, basicamente, textos escritos (e. g., CLIFFORD & MARCUS, 1986).

Críticas antropológicas a antropologia e etnografia são sobre melhorar a disciplina, não sobre desmantelá-la. Ferro afia ferro (para me apropriar de uma frase bíblica). A virada crítica leva os antropólogos a serem tão autoconscientes quanto possível das decisões que tomamos em cada juntura: o que pesquisar, por que esse tópico/lugar/grupo foi escolhido, como estar no campo, e como transformar em palavras sobre páginas os trabalhos conquistados com muito esforço do trabalho de campo (ou, para cineastas etnográficos, imagens em uma tela). Se os antropólogos se veem ou não como cientistas rigorosos ou humanistas poéticos (ou como uma integração criativa de ambos), esses problemas são inevitáveis e a qualidade de nossa ciência/arte/ofício é dramaticamente melhorada quando damos a ela a devida atenção.

A virada crítica foi sentida nas ciências sociais e em cada área de investigação antropológica, mas "a natureza da religião torna essas questões especialmente pungente" (SPICKARD & LANDRES, 2002: 6). Nenhum tema etnográfico é simples, mas antropólogos da religião podem afirmar um conjunto único de desafios que são integrais para produzir um trabalho bem-sucedido. Escrevendo no âmago da virada crítica, o antropólogo Paul Stoller disse deste modo: "a adequação da aplicação da teoria social aos dados antropológicos enfrenta seu maior teste [em] estudos de xamanismo, magia e feitiçaria" (1984: 93). Simon Coleman, um antropólogo inglês que publicou prolificamente sobre peregrinação e cristianismo global, escreveu: "Religião é um tema difícil para o trabalhador de campo lidar, parcialmente devido à sua natureza não empírica, e parcialmente devido às suposições racionalistas de grande parte da erudição científica" (2002b: 77). E Hillary Crane, em seu escrito sobre fazer etnografia em contextos missionários, conclui:

"O trabalho de campo conduzido entre missionários está repleto de dificuldades únicas e de ambiguidades éticas que destacam e exageram problemas que surgem em uma variedade de contextos de trabalho de campo" (2013: 13).

Há algo com essa excepcionalidade. Antropólogos da religião são atraídos para temas da vida e da morte, padrões e estigmas morais, salvação e suas alternativas, êxtase emocional e vulnerabilidade, desejo e satisfação espirituais, cura e sofrimento, sacrifício e dedicação intensiva. Tudo que é irredutível em relação à religião como um fenômeno humano se combina com nosso trabalho etnográfico diário. Além disso, algum conhecimento religioso é entendido em contextos locais como algo perigoso para aprender e possuir. Não se deve perguntar ou ouvir superficialmente. A etnografia religiosa força os limites do imperativo antropológico da imersão total do trabalho de campo. Por fim, a etnografia religiosa fornece um lembrete claro de que o trabalho de campo não é simplesmente uma tarefa de pesquisa e um esforço social, é um projeto moral, existencial e ontológico.

Quatro posições

Uma questão duradoura na antropologia da religião é o que Matthew Engelke (2002) chama "o problema da crença". O que nós, etnógrafos, permitimo-nos crer sobre os mundos religiosos que estudamos? E como compatibilizamos crença, não crença ou ambiguidade da crença com nossos objetivos antropológicos de explicação, interpretação e compreensão? Como veremos adiante, embora isso envolva nossos compromissos pessoais, envolvem mais crucialmente o modo como empregamos as pretensões de verdade que encontramos. O problema da crença reduz significativamente uma tensão etnográfica central: somos convocados à imersão cultural, ainda que abandonar a própria cultura para adotar uma nova seja considerado amplamente tabu e manter a mesma cultura, ainda mais (EWING, 1994).

Em resposta a essa questão persistente, podemos distinguir quatro posições que os etnógrafos da religião podem adotar. Enquanto vocês consideram cada uma, lembrem algumas coisas. Cada posição pode ser posta em prática no campo por meio de uma série de estratégias. Segundo, nenhuma dessas quatro posições oferece qualquer garantia de sucesso. Cada uma delas pode ser praticada muito bem e muito mal. Terceiro, essas posições podem incluir ou excluir vários modos de obter informações sobre o mundo: intelectual, corporal, emocional e espiritual. Lembrem, também, que este capítulo é voltado para fazer antropologia: enquanto vocês leem, perguntem que consequências metodológicas tendem a resultar de cada posição. E, se vocês estiverem ativamente fazendo pesquisa, perguntem em qual posição vocês se encontram.

Ateísmo metodológico

Nossa primeira posição lida com as pretensões de verdade da religião somente em termos sociais. O "ateísmo metodológico" é uma abordagem cunhada pelo sociólogo Peter Berger em seu livro *The sacred canopy* (O dossel sagrado) (1967). Berger explica isso do seguinte modo:

> É impossível dentro do quadro de referência da teorização científica fazer quaisquer afirmações, positivas ou negativas, sobre o *status* ontológico último da [religião]. Dentro desse quadro de referência, as projeções religiosas podem ser tratadas somente como tais, como produtos da atividade e consciência humanas, e parênteses rigorosos têm de ser colocados em torno da questão de se essas projeções podem ou não ser alguma coisa que não isso (100).

Essa postura insiste em pôr entre parênteses pretensões de verdade religiosas com base no fato de que a pesquisa na ciência social não reconhece explicações não empíricas. Qualquer coisa que não possamos observar ou medir diretamente não pode ser usada para explicar questões sobre religião. Na prática, isso significa que os antropólogos abordam a religião apenas como um produto humano. Explicações religiosas locais não deveriam ser aceitas em seu sentido literal, mas, em vez disso, deveriam ser sujeitas a explicações embasadas em compreensões empíricas do que é real, ou seja: condições sociais, econômicas, políticas e materiais (cf. BIALECKI, 2014).

O ateísmo metodológico trabalha de acordo com uma lógica construcionista social estrita: nosso senso da realidade é obtido da intersubjetividade viva (i. e., um mundo social que é compartilhado porque interagimos com outras pessoas). Formamos acordos sobre o que é real e depois agimos conforme esses acordos (BERGER & LUCKMANN, 1966). No estudo da religião, isso significa que ideias e práticas religiosas devem ser remontadas a uma origem humana, as locações sociais onde acordos são feitos. Relembrando o capítulo 1, podemos fazer isso descrevendo o trabalho a partir de uma variedade de orientações teóricas (p. ex., sociologia marxista ou uma antropologia interpretativa geertziana ou uma genealogia das relações de poder inspirada em Asad). Qualquer que seja o caminho teórico que usamos para descrever, a posição ateísta metodológica exige que a descrição seja a natureza de nossa tarefa e que nosso ponto-final deve ser definitivamente social. Em termos ontológicos, somente humanos e seus produtos podem receber *status* de realidade. De outro modo, cessamos de fazer ciência social e começamos a fazer outra coisa (teologia, p. ex.).

O ateísmo metodológico não necessita ser equivalente ao ateísmo pessoal. Um budista comprometido e um ateísta cético podem adotar essa posição porque ela pressupõe suspender pôr de lado ("pôr entre parênteses") todas as questões de verdade. Resolver o problema da crença significa policiar o que é aceitável como uma explicação antropologicamente válida para religião como um produto humano. O próprio Berger era um cristão comprometido, mas foi firme em *O dossel sagrado* ao afirmar que realidades extrassociais não tinham lugar no que ele via como uma ciência estritamente empírica (YONG, 2012).

Etnógrafos usaram uma posição metodologicamente ateísta com uma certa vantagem quando estavam no campo. Em um artigo curto, perceptivo, David Gordon (1987) discute sua pesquisa em grupos associados ao Movimento Jesus People. Como muitos outros movimentos cristãos evangélicos, membros do Jesus People colocam uma ênfase pesada em missionizar e fazer novos convertidos. Gordon não era cristão e não se converteu ao cristianismo durante sua pesquisa. Contudo, não escondeu sua identidade não cristã e, por vezes, inclusive a usou para envolver seus consultantes em "desacordo empático" (248). Como Berger, Gordon via as explicações teológicas como irrelevantes para responder suas questões de pesquisa. Em vez de obscurecer seus compromissos pessoais ou ficar em silêncio sobre eles, ele os usou para criar momentos produtivos no trabalho de campo. Ele descreve vários exemplos em que argumentou ativamente com consultantes como "eventos animados que todos desfrutávamos" (276). Seu objetivo era elicitar tanto conhecimento e atuação cultural quanto possível. Uma estratégia para fazer isso é envolver os adeptos em debates amigáveis sobre questões religiosas.

Agnosticismo metodológico

Nossa segunda posição também põe entre parênteses pretensões de verdades religiosas, mas por uma razão diferente. Ninian Smart (1973), um acadêmico de estudos religiosos, cunhou "agnosticismo metodológico" como uma alternativa explícita a Berger. Essas posições são similares na medida em que não exigem que os pesquisadores adotem um ponto de vista sobre questões de verdade religiosas. Mas elas absolvem os pesquisadores de modos diferentes. O ateísmo metodológico vê explicações religiosas como inacessíveis, enquanto o agnosticismo metodológico declara questões de verdade religiosas incognoscíveis. A diferença-chave é que o agnosticismo metodológico aborda questões ontológicas sobre o que é real como uma oportunidade etnográfica, não como uma linha tabu a nunca ser atravessada.

Smart situou o agnosticismo metodológico utilmente no diálogo com Berger, mas essa posição já estava sendo usada por antropólogos da religião (BOWIE, 2000). Em *Theories of primitive religion* (Teorias da religião primitiva) (1965), E.E. Evans-Pritchard (E-P) publicou uma crítica incisiva às teorias psicológicas e sociológicas (pensem: Freud e Marx) que abordavam a religião somente como epifenomenal (i. e., como refletindo sempre apenas outras realidades sociológicas, mais fundamentais). E-P escreve:

> Não há possibilidade de [os antropólogos] *saberem* se os entes espirituais das religiões primitivas ou de quaisquer outras têm uma existência ou não, e como esse é o caso eles não podem levar a questão

> em consideração. As crenças são para eles fatos sociológicos, não
> fatos teológicos, e sua única preocupação é com sua relação entre si
> e com outros fatos sociais. Seus problemas são científicos, não meta-
> físicos ou ontológicos. O método que eles empregam é aquele agora
> muitas vezes chamado fenomenológico – um estudo comparativo de
> crenças e ritos, como deus, sacramento e sacrifício, para determinar
> seu significado e importância social (17).

Embora isso se identifique um pouco com o ateísmo metodológico, E-P difere em um ponto crucial. Ele mantém o foco nos fatos sociológicos, mas dá à fenomenologia ("significado e importância social") importância fundamental, não às condições sociais explanatórias. (Vocês poderiam também recordar aqui a diferença que discutimos no capítulo 1 entre Weber, Marx e Freud.) Diferente de Berger, E-P não exige "parênteses rigorosos", ele simplesmente declara alegações de verdade religiosas incognoscíveis. Considere um exemplo etnográfico de agnosticismo metodológico na prática.

Em *The Book of Jerry Falwell: Fundamentalist Language and Politics* (O livro de Jerry Falwell: Linguagem fundamentalista e política) (2000), Susan Harding usa etnografia e história para mostrar como cristãos evangélicos nos Estados Unidos competem com autoridades seculares por poder, influência e lealdade pública. Harding discute abertamente o quanto seu próprio *status* como uma pessoa secular moldou seu trabalho de campo. Por exemplo, ela relata uma situação, em que quase se acidentou de carro, que experienciou após sair de uma entrevista emocionalmente intensa:

> A meio-caminho da cidade parei em um sinal de *Pare*; depois, fui
> em direção ao cruzamento, e por pouco não fui atingida por ou-
> tro carro que parecia vir do nada muito rápido em direção ao meu.
> Freei repentinamente, sentei atônita por uma fração de segundo, e
> me perguntei: "O que Deus está tentando dizer?" Foi minha voz,
> mas não minha linguagem. Havia sido povoada pela língua batista
> que estava investigando (33).

Sua voz, não sua linguagem. Como uma etnógrafa não cristã trabalhando entre cristãos conservadores, Harding era constantemente a audiência visada de esforços de conversão. Na entrevista que precedeu seu quase-acidente, seu entrevistado havia transformado sua conversação em uma sessão de evangelização. Harding nunca se converteu, mas usou sua experiência para melhor entender o funcionamento das narrativas de conversão ("testemunho") como um ritual vital na cultura evangélica. "O primeiro estágio fundamental de conversão batista [é] narrar a própria vida em termos cristãos" (34). Para ela, focar o modo como a linguagem religiosa se internaliza era uma abordagem muito mais reveladora do que "cientistas sociais [que] escrutinizam as condições psicológicas e sociais externas dos convertidos" (35). Ao não negar ou ignorar o modo que havia sido "povoada", Harding buscou questionar o modo como "cientistas sociais e incrédulos assumidos em geral não se deixam chegar perto o bastante da 'crença' para entendê-la, ou, até mesmo, para ver o que ela é" (36).

Ludismo metodológico

Nossa terceira posição assume pretensões de verdade religiosas não como uma questão a ser definitivamente respondida, mas como um papel a desempenhar. Para Andres Droogers, um antropólogo holandês, ateísmo e agnosticismo metodológicos estão paralisados, e, portanto, paralisam os estudiosos em um impasse porque são pegos entre imperativos concorrentes (1996). O problema é que o compromisso do ateísmo metodológico de explicar religião como uma expressão da ação social humana não pode corresponder ao desejo do agnosticismo metodológico de explicar como a religião funciona para os adeptos. Droogers chama esse impasse "o impasse entre reducionistas e religionistas" (1999: 290). Ele cunhou sua solução, o "ludismo metodológico", que viu como uma solução "ambos/e", um modo de incorporar tanto condições sociais como a realidade da religião.

O ludismo metodológico está baseado no trabalho do historiador holandês Johan Huizinga (1955), que argumentava que a capacidade de brincar (o lúdico) é um aspecto crucial da experiência humana. Brincar é uma coisa séria: vital para a socialização, central para muitas instituições sociais, e a fonte de muita alegria e criatividade. Droogers define o brincar como "a capacidade de lidar simultânea e subjuntivamente com dois ou três modos de classificar a realidade" (1996: 53). O subjuntivo é chave, porque muda a orientação de "como é" para "como se" (1999: 293), invocando o tipo de imersão profunda que caracteriza a realidade virtual. O ludismo metodológico tem a ver com lidar com múltiplas realidades: a biografia pessoal do estudioso, explicações puramente sociológicas, os mundos religiosos encontrados, vozes concorrentes dentro dos mundos religiosos e críticas seculares. Como trabalhadores de campo, podemos brincar participando de cada mundo *como se* fosse absolutamente real e verdadeiro. O objetivo é fingirmos de um modo completamente comprometido – sermos pegos –, mas nunca perdermos de vista o fato de que estamos fingindo. O ludista entretém uma realidade, mas não a aceita completamente.

Por exemplo, considerem um artigo escrito por Droogers e uma etnógrafa, Kim Knibbe, que põe o ludismo metodológico para trabalhar (KNIBBE & DROOGERS, 2011). O trabalho de campo de Knibbe focou um "médium espírita holandês que alega ser uma ligação entre Céu e Terra" (283). A cura física era central à prática do médium, uma vez que era "ênfase muito positivista na prova. Ela encorajava a pessoa a ser cética, buscar por 'evidência' e registrá-la" (284). Como uma estudiosa, Knibbe refletia sobre como lidar com pretensões de verdade feitas por seu curandeiro e aqueles que declaravam ter sido curados. "A cura é real? Como isso importa para minha análise?"

Por fim, eles argumentam que o ateísmo metodológico inutilmente "reduz crenças a causas 'invisíveis' às pessoas envolvidas, ignorando sua agência e consciência" e o agnosticismo metodológico "significava ignorar o que estava no centro do que [o curandeiro] significava... a experiência do 'outro lado'" (290). Para eles, a posição lúdica permitia e encorajava uma proximidade experiencial ao fenômeno: Knibbe podia brincar como se as curas fossem realmente reais pelas razões que o curandeiro dizia que eram. Desse modo, o ludismo responde ao questionamento de Harding sobre se aproximar da crença, mas em bases ontológicas, não meramente cognitivas. Ainda assim, ao fim e ao cabo, o ludismo metodológico não requer adjudicação dos antropólogos sobre o que realmente aconteceu: se o "como se" fosse, de fato, o "como é".

Teísmo metodológico

Nossa quarta posição não está contente em brincar como se pretensões de verdade religiosas fossem reais. Diferente das primeiras três, o termo "teísmo metodológico" não tem ponto exato de origem acadêmica. O centro da abordagem é que os antropólogos podem afirmar a realidade ontológica dos mundos religiosos por meio de sua pesquisa, não parenteseando, ignorando, abstendo-se ou se limitando a representar papéis. Isso pode lhes parecer estranho, e até controverso. Deveria! O teísmo metodológico questiona diretamente alguns preceitos centrais da ciência social: confiar estritamente em dados empíricos, manter uma distância crítica do que vocês estão estudando, ser céticos de sua própria experiência subjetiva.

Uma das defensoras mais vocais do teísmo metodológico foi Edith Turner. Turner era uma das partes de um casamento antropológico famoso. Seu esposo, Victor Turner, era uma presença frequente em antologias sobre a história da antropologia, ou seja, em seus estudos sobre sistemas rituais africanos (cf. capítulo 4). O casal começou a fazer trabalho de campo juntos em 1951 entre os ndembu da Zâmbia. Em um livro, que resultou dessa pesquisa, *The drums of affliction* (Os tambores da aflição) (1968), Victor Turner analisa o ritual ilhamba, um rito no qual os pacientes afligidos pelo contato com os mortos são curados. Ele argumentava que os ndembu usam o ilhamba como um drama social: um modo de encenar a dinâmica política necessária para a coesão social.

Viúva havia dois anos, e 31 anos após o trabalho de campo inicial, Edith Turner retornou aos ndembu em 1985 para investigar o ilhamba novamente (1992). Ela pretendia que esse fosse um estudo sobre mudança cultural: Quão diferente o ritual estava de três décadas atrás? Quando ela participou do ritual, ele ocorreu bem diferente, "em vez de meramente testemunhar, ela viu com [seus] próprios olhos uma difusa substância aflitiva, de umas seis polegadas de largura, emergir do corpo do paciente nas mãos do doutor" (2). Seu livro *Experiencing ritual* (Experienciando o ritual) documenta essa experiência e explica como afirmar a aflição como real fornece uma abordagem fundamentalmente diferente para curar e para o ritual religioso. Contra o argumento do drama social, de seu esposo falecido, ela não se contentou em ver o ritual em termos funcionalistas. Isso levou a uma segunda etnografia, *The hands feel it* (As mãos sentem isso) (1996), um estudo dos curandeiros inupiat no norte do Alaska. Aqui, uma vez mais, Edith Turner toma as práticas de cura como reais do mesmo modo como os curandeiros dizem que são.

Jean-Guy Goulet (1994) fornece um segundo exemplo, também situado na América do Norte nativa, entre os dene do noroeste de Alberta, no Canadá. Ele focou os sonhadores dene, "indivíduos que conhecem um animal e desenvolvem a habilidade de viajar para 'outra terra' e voltar' por meio de sonhos e visões" (117). Goulet descobriu que a epistemologia dene exigia que a etnografia fosse feita com uma abordagem de quase-experiência. "Os informantes dene são firmes em sua convicção de que indivíduos, incluindo etnógrafos, que não experienciaram diretamente a realidade dos sonhos e visões, não entendem nem podem entender a religião dene" (114). Devido a isso, os dene "excluem os que não são considerados sabedores do grupo em que discutem experiências de sonhos, visão e poder", "excluem aqueles que não consideram saber daqueles entre eles que discutem experiências de sonhos, visões e poder" (ibid.). Algo como entrevista etnográfica tradicional, observação distanciada e inclusive observação participante não comprometida eram inaceitáveis. O sucesso etnográfico de Goulet dependeu inteiramente do fato de que ele também compartilhava das visões dos denes. Além disso, ele considerou sua etnografia escrita completa somente quando registrou no papel os detalhes das visões e sonhos que experienciou.

Turner e Goulet praticam uma versão de teísmo metodológico, que critica uma epistemologia científica estritamente positivista. Eles são muito críticos de uma antropologia que trata a experiência religiosa como epifenomenal: ou seja, que apela a teorias que só explicam a religião como refletindo condições psicológicas, sociológicas, simbólicas ou materialistas. O teísmo metodológico fomenta um desejo profundo de não distorcer cada experiência de campo para se adequar à linguagem conceitual da teoria social, particularmente aquelas experiências que conflitam mais dramaticamente com o empirismo racionalista.

O teísmo metodológico também não gosta muito dos flertes do ludismo metodológico com a crença, mas, no fim das contas, com a recusa de ir até o fim. Como uma prática etnográfica, o teísmo metodológico eleva a importância da experiência, insistindo em que a compreensão antropológica deve integrar formas intelectuais, corporais, emocionais e multissensórias de conhecimento. Para tomar emprestado algumas palavras de Paul Stoller, cujo trabalho etnográfico no oeste da África se enquadra bem junto ao de Turner e de Goulet: "Assim como pintores, conforme Cezanne e Klee, deveriam permitir que o universo os penetrasse, escritores antropológicos deveriam permitir que os eventos do campo – sejam extraordinários ou mundanos – os penetrassem" (STOLLER & OLKES, 1987: 110). Desse modo, o teísmo metodológico busca um colapso permanente da distância entre pesquisadores e pesquisado; todavia, é firme acerca de que esse colapso não deveria ser descartado por tropos como "abandonar a própria cultura para adotar outra".

Coda

Nesta seção, sublinhamos quatro posições que antropólogos da religião podem adotar (Tabela 2.1).

No Box 2.1 vocês podem trabalhar na aplicação dessas posições a um exemplo estendido. Antes de fazer isso, duas observações serão úteis.

Primeiro, essas posições lançam uma luz brilhante sobre o acoplamento justo que existe entre método e teoria na etnografia. Cada posição se adéqua melhor a umas questões de pesquisa do que a outras. O ateísmo metodológico propende para uma orientação estridentemente ética (*etic*): explicar a religião como uma expressão epifenomenal de condições externas (e. g., mercados econômicos, hierarquias políticas, redes sociais, realidades ecológicas, estados psicológicos). Bem oposto, o teísmo metodológico é estridentemente êmico (*emic*): compreender a religião em termos locais, com categorias locais e por meio de registros experimentais locais. O agnosticismo e o ludismo metodológicos tentam mapear um terceiro modo, que integra formas éticas e êmicas de compreensão e explicação. Poderíamos ser dogmáticos em relação a isso, e argumentar que antropólogos deveriam se identificar com uma posição e suas questões apropriadas. Ou poderíamos ver isso como uma questão da ferramenta certa para o trabalho certo. Por exemplo: Qual é o melhor modo de estudar a experiência religiosa? Ou: Qual é o melhor modo de estudar o cisma dentro de uma instituição religiosa? Ou: Qual é o melhor modo de estudar a mudança religiosa ao longo do tempo?

Tabela 2.1 Quatro posições metodológicas na antropologia da religião

Posição	Atitude ontológica
Ateísmo metodológico	*Parenteseamento*: pretensões de verdade religiosa são irrelevantes para o trabalho dos antropólogos, que é abordar a religião como um produto humano e explicá-la recorrendo a condições sociais, culturais ou materiais.
Agnosticismo metodológico	*Parenteseamento*: pretensões de verdade são incognoscíveis para os antropólogos, mas isso não deveria impedir a busca pelo significado religioso nas vidas de adeptos.
Ludismo metodológico	*Brincar "como se"*: pretensões de verdade religiosa deveriam ser empregadas pelos antropólogos como um lugar de brincar, um papel para ocupar a fim de melhor entender a experiência religiosa.
Teísmo metodológico	*Quase-experiência*: pretensões de verdade religiosa são completamente cognoscíveis para os antropólogos, e deveriam ser buscadas como parte de fazer etnografia.

Segundo, podemos observar vários pontos de contato e pontos de divergência entre essas quatro posições. Um ponto em particular é um modo consistente de distingui-los: como interagem com pretensões de verdade que emergem dos mundos religiosos. Essa é uma questão de ontologia. Ao que é atribuído o *status* de realidade na análise? É limitada às produções humanas (como o ateísmo metodológico diria), ou as agências não humanas também são reconhecidas? Afinal, os mundos religiosos tendem a celebrar Deus, deuses, espíritos, anjos, demônios, fantasmas, os mortos, ancestrais, lugares, objetos, feitiços, maldições e muito mais. Essa é uma questão tanto de agência como de evidência. Se algo é reconhecido como real na metodologia, que consequências isso tem para a atribuição analítica de agência, responsabilidade e poder? E, se reconhecemos algo como real, que base de evidência usamos? Seguimos Edith Turner e ouvimos nossa experiência sensória? De qualquer modo, é útil entender a ontologia como um ponto divisor claro entre essas quatro posições metodológicas (cf. BIALECKI, 2014).

Box 2.1 Sendo um ateísta, agnóstico, ludista e teísta (metodológico)

Vocês mesmos, ou com seus colegas de curso, tentem aplicar essas quatro posições a um exemplo. Se estiverem fazendo pesquisa para um projeto final em seu curso, vocês podem usar dados coletados para esse projeto. Além disso, ou em vez de seu próprio trabalho de campo, vocês podem selecionar um filme documentário da lista abaixo. Cada filme fornece exemplos vívidos da religião na prática:
- *Holy ghost people* (Pessoas do Espírito Santo) (1967; 53min): um retrato de uma congregação pentecostal apalache rural, que pratica o manuseio de serpentes.
- *Shadows and illuminations* (Sombras e iluminações) (2010; 35min): um retrato do mundo espiritual em Bali.
- *American Mystic* (Místico americano) (2010; 80min): um retrato de três curandeiros – um médium espírita, uma sacerdotisa wicca, e um tradicionalista lakota sioux.
- *Bad friday: rastafari after coral gardens* (Sexta-feira ruim: rastafari após os jardins de corais) (2011; 63min): um retrato dos rastas jamaicanos e sua memória coletiva de um confronto violento em 1963.

Após vocês terem selecionado um filme e o assistido, considerem o seguinte:
- Para cada posição, escrevam uma questão sobre a religião sendo estudada. Como cada questão reflete as suposições e objetivos da posição metodológica?
- Que tipos de dados vocês usaram para responder suas questões? Esses dados são similares ou diferentes para as quatro posições? As questões exigem diferentes tipos de conhecimento: Vocês se basearam em diferentes sentidos? observações? emoções? relações?
- Vocês foram atraídos para uma posição em detrimento de outras? Vocês as usaram seletivamente ou as combinaram? Quão confortáveis vocês estavam trabalhando com cada uma? Alguma delas questionou seus compromissos pessoais? Como?
- Finalmente, retornem aos diferentes aspectos da categoria "religião" que discutimos no capítulo 1 (e. g., crença, ritual, incorporação, materialidade, poder, agência etc.). Como esses foram considerados em seu trabalho com as quatro posições?

Reflexividade produtiva

Em nossa discussão de abertura para este capítulo destacamos o valor de sermos reflexivos quando fazemos trabalho de campo etnográfico. O objetivo desta seção é pensar mais rigorosamente sobre os tipos de questões e práticas reflexivas que surgem na antropologia da religião. Em um momento de pausa, podemos ver que a tomada de decisão desempenha um papel proeminente no trabalho diário de fazer etnografia religiosa: confessar ou não, juntar-se ao ritual ou ficar de fora, acreditar ou não, ficar ou partir, sentar ou ficar de pé, fechar seus olhos ou mantê-los abertos, escrever a observação de campo ou esperar, registrar ou lembrar, orar ou padecer, cantar ou murmurar, chorar ou manter as emoções para si. Não identificamos cada árvore nessa floresta, mas ganharemos uma boa noção do escopo e densidade da floresta. Três áreas de interesse organizam nossa discussão: a porção *participante* da observação participante; as, por vezes confusas, por vezes ambíguas, sempre importantes, relações que fazemos e nas quais nos baseamos durante o trabalho de campo; e os dilemas éticos.

Observação participante

Nossa participação nos mundos religiosos que estudamos pode ser limitada: por vezes, porque fazemos a escolha de evitar ou moderar a imersão, e, por vezes, porque nosso acesso é reduzido ou negado. Ser reflexivo sobre essas decisões e eventos facilita nossa compreensão do que queremos conhecer sobre esses mundos religiosos.

Katharine Wiegele (2013) estudou os católicos carismáticos em Manila, nas Filipinas. Como outros cristãos carismáticos ao redor do globo, o Movimento El Shaddai coloca uma grande ênfase no culto extático, na experiência corporal e na cura. Enquanto participava das sessões regularmente organizadas de cura/aconselhamento, Wiegele confrontou de frente o ritual carismático de ser "derrubada pelo Espírito". O líder do ritual chamou Wiegele pelo nome para a frente da sala, colocou as mãos sobre ela, e a derrubou:

> Caí nos braços dos membros do grupo, que me colocaram gentilmente no chão enquanto cantavam sobre o poder do Yahweh El Shaddai. Senti exatamente como outros haviam descrito – um calor crescente, intenso, no peito, uma perda parcial da consciência, na qual a capacidade para ouvir foi mantida, e as mãos tremendo, molhadas, enquanto gradualmente retornava à consciência plena (89-90).

Wiegele não se converteu após essa experiência, ou em qualquer momento depois durante seu trabalho. Ela afirma a realidade do evento de um modo experiencial, não de um modo ontológico como faz Edith Turner. Ela usou, contudo, o evento para refletir sobre o movimento religioso que estava tentando entender:

"minha queda me deu uma apreciação de quão complexa é uma experiência, quão integrada sua interpretação deve ser na história pessoal" (91).

Wiegele participava totalmente dos rituais carismáticos, fortalecendo seu trabalho de campo no processo. Esse nem sempre pode ser o resultado. Tamir Erez (2013) estudou os judeus messiânicos em Tel Aviv, em Israel. Erez descreve a congregação como religiosamente conservadora, sustentando "uma definição total e exclusivista de realidade" (41). A congregação interpretava sua presença etnográfica, definida pela "escuta empática e isenta" (47), como evidência de que estava buscando a salvação. Inicialmente, isso facilitou sua recepção pela comunidade, mas com o tempo se tornou um problema. "A ameaça que representava com minha posição empática, mas não fiel, foi mais difícil para eles lidarem do que a atitude regular de um não fiel regular" (49). Por um lado, a comunidade não tinha uma categoria pronta para dar sentido à sua presença contínua, mas de não conversão persistente. Além disso, sua presença contínua era contrária à sua esperança e expectativa de que tempo suficiente passado na comunidade levasse à conversão. Após sete meses, o pastor disse a ela que sua pesquisa não poderia mais continuar.

Quando o trabalhador de campo não é um membro da comunidade religiosa, como Wiegele e Erez, pode haver muito desgaste quanto a como fazer boa etnografia, embora mantendo uma atitude de respeito e não dando uma impressão errada ou ética. Em seu estudo de um local de peregrinação ortodoxo grego, Jill Dubisch (1995) teve dificuldades em relação a onde estabelecer o limite de sua participação. Ela achava confortável "colocar dinheiro na caixa de ofertas e acender uma vela" (110) porque "lhe permitia se misturar com os devotos e não se sobressair nem ofender" (111). Contudo, beijar ícones e fazer o sinal da cruz não era confortável, violando suas sensibilidades pessoais e indicando um falso pertencimento.

Esses tipos de considerações são importantes: pragmática, metodológica e eticamente. Por vezes, contudo, nosso desgaste é por nada. Em um ensaio sobre seu trabalho de campo na escola budista taiwanesa, Hillary Crane (2013) explica como seus consultantes não compartilhavam de suas preocupações. Ela hesitou quanto a ser uma observadora participante para a realização de um *chao shan* (um ritual de peregrinação envolvendo uma extenuante subida de montanha). Sua preocupação era que, "como uma não fiel, de algum modo prejudicaria o evento" (14). As monjas e membros do retiro lhe garantiram que realizar o ritual produz bom karma, independentemente das intenções individuais.

Os detalhes da vida religiosa local podem também complicar nossas tentativas de equilibrar adequadamente nossos papéis duais como participantes e observadores. Matthew Engelke (2007) estudou uma comunidade cristã carismática no Zimbábue com uma história e teologia distintas. A Igreja Sexta-feira Masowe ("Sexta-feira" para o dia do seu Sabbath, "Masowe" para seu profeta fundador) se chamam "os cristãos que não leem a Bíblia" (ENGELKE, 2007: 2). Sua rejeição ao texto bíblico escrito se baseia no seu desejo geral de uma "fé imaterial" (3), que é uma fé livre de objetos materiais e focada em uma conexão imediata com o Espírito Santo. Um resultado disso é que livram os espaços de culto o máximo possível de materialidade (sem bíblias, livros de qualquer tipo, sapatos, edificações, apenas mantos brancos simples). Isso incluía "quaisquer instrumentos para registrar o que ocorria: canetas, cadernos, gravadores, câmeras ou videocâmaras. [Ele] estava sujeito às mesmas condições de experiência que quaisquer outros" (35). No caso de Engelke, perder algumas ferramentas tradicionais da ocupação era necessário para ganhar acesso mais próximo, e uma compreensão mais robusta, dessa cultura religiosa.

Relações

O que quer que seja a etnografia, tem a ver com construir, negociar, perder e celebrar relações com entes humanos semelhantes. Muito raramente estudamos comunidades que são absolutamente novas e indefinidas, o que significa que os trabalhadores de campo serão colocados em papéis e categorias locais. Esses podem variar do engraçado ao perigoso, mas de qualquer modo é uma parte integral de nosso aprendizado.

Para aqueles que estudam uma religião missionária, os etnógrafos de fora quase sempre se tornam foco de conversão. Isso poderia ser entendido como uma afronta aos ideais de neutralidade e objetividade, mas, na verdade, é uma excelente oportunidade. O trabalho de Susan Harding (discutido acima) é um exemplo fundamental. Ela usou o evento de sua entrevista ter se tornado uma sessão de testemunho como a base para compreender um gênero de linguagem religiosa e seu papel central na cultura religiosa. Contudo, o alvo de conversão não é necessariamente a crença religiosa, como no caso de Harding. Em seu trabalho com muçulmanos norte-africanos que migraram para Paris, França, Jennifer Selby (2013) explica como o foco era mais em seu corpo (e. g., rituais de jejum, códigos de vestimenta, comportamento corporal). Sua aceitação na comunidade dependeu mais de cumprir essas expectativas do que de professar uma doutrina religiosa particular. Isso faz sentido em um contexto islâmico onde "a aparência de uma mulher e seu comportamento social atuam como uma externalização de seu eu privado, moral" (46).

Ser um membro da comunidade religiosa não é o único papel a considerar. Erez (2013), uma vez mais pesquisando judeus messiânicos em Israel, não estava meramente fora da comunidade religiosa. Sua identidade social mais ampla também importava. Sua presença era problemática, e terminou sendo negada, porque lembrava muito a congregação de "um tipo israelense secular jovem que havia sido exposto pela primeira vez às crenças [messiânicas], mas não estava disposto a adotá-las" (41). Em outros casos, identidades sociais múltiplas são a base para a confusão. Deana Weibel (2013) estudou a peregrinação a um local popular no sul da França (Rocamadour). Junto a peregrinos católicos, a história religiosa e a beleza natural do lugar atraíam turistas de excursão e pagãos que vinham pela "energia metafísica, quase científica" (WEIBEL, 2013: 94). As relações de seu trabalho de campo não foram simplesmente construídas em torno de um *status* pertencente/não pertencente à comunidade religiosa, mas entre esses três papéis de visitante comum assim como seu papel como uma etnógrafa não católica, não pagã, não turista.

Um papel local que não é exclusivo dos etnógrafos, mas que se mostrou uma oportunidade reveladora, é o do aprendiz. Como novatos, os etnógrafos estão bem situados para se tornar novos aprendizes. Aprendizado consome tempo e é extenuante, porque se espera que vocês completem os mesmos processos de iniciação, desenvolvimento e domínio que os locais. Paul Stoller combinou memória e etnografia para escrever sobre seu treinamento como um feiticeiro entre os songhay da Nigéria rural (STOLLER & OLKES, 1987). Quando os songhay suspeitam de ataques de feitiçaria ou bruxaria, eles buscam um *sorko* (curandeiros locais e veneradores do panteão songhay). Quando iniciou como aprendiz, o instrutor de Stoller o assegurou: "você deve aprender como aprendemos... devemos lhe ensinar a ouvir" (STOLLER & OLKES, 1987: 29). Como todos os iniciantes, ele foi considerado muito ignorante sobre os temas do mundo espiritual. Para sair da condição de um novato *sorko*, Stoller "memorizou invocações mágicas, comeu alimentos especiais de iniciação, e participou indiretamente de um ataque de feitiçaria que resultou na paralisia facial temporária da irmã da vítima pretendida" (ix). Adiante, ele relata como se tornou o foco de um ataque espiritual, que deixou suas pernas temporariamente paralisadas. Stoller seleciona essa experiência intensa usando uma posição metodologicamente teísta, e conclui que uma razão fundamental para ser atacado foi seu envolvimento em uma relação mestre-aprendiz.

Ética

Muitos exemplos que discutimos neste capítulo são completamente éticos. Questões e dilemas éticos estão presentes em cada estágio do fazer antropológico: planejar a pesquisa, estar no campo, dar sentido a e produzir uma representação, e dar conta da recepção de seu trabalho entre audiências múltiplas (acadêmicas ou não). Como os mundos religiosos, geralmente, envolvem dimensões morais e éticas, ética acadêmica, ética pessoal e ética religiosa entram em contato.

Como respondemos quando confrontados com ideologias religiosas que se chocam severamente com nossa visão de mundo? Essa questão pode vexar igualmente trabalhadores de campo veteranos e novatos. Jessica Falcone (2012) teve de fazer essa pergunta em seu trabalho em um acampamento juvenil de verão para hindus fundamentalistas que viviam em Washington D.C. O nacionalismo hindu cresceu entre migrantes indianos para os Estados Unidos, talvez porque esse movimento político-religioso estimule uma conexão nativista com a pátria e promova a solidariedade étnica entre migrantes que vivem como minorias étnicas. No acampamento de verão, Falcone observou adolescentes a quem era ensinado um discurso aberto de separatismo que continuamente excluía muçulmanos e afro-americanos. Fazer esse trabalho significava encontrar estratégias para tolerar entrevistas e conversações "extremamente desconfortáveis" (184) que focavam diferenças de religião e raça.

A antropologia de mulheres religiosamente conservadoras se mostrou desafiadora nessa área. Saba Mahmood é uma autointitulada feminista que teve dificuldade para entender as mulheres que encontrou no Cairo que estavam envolvidas no movimento de devoção islâmico (2005). De uma perspectiva liberal secular ocidental, essas mulheres claramente experienciavam subordinação e opressão de gênero constantes. Mas, Mahmood não ficou contente com uma simples explicação liberal/conservadora ou com tratar seu trabalho de campo etnográfico simplesmente como uma extensão do discurso político. Em vez disso, ela usou as vidas dessas mulheres muçulmanas para refletir criticamente sobre a natureza de categorias como liberdade, autoridade e agência, que são tão vitais ao liberalismo secular. Em seu livro *Mitzvah girls* (Garotas do Mitzvah) (2009), Ayala Fader discute questões similares. Sua pesquisa explorou a socialização de mulheres judias ultraortodoxas "não liberais" (1) no Brooklin, na cidade de Nova York. Como Mahmood, Fader escreveu contra a corrente de ideias liberais seculares sobre igualdade de gênero e individualismo. Em vez de usar a etnografia para criticar a vida hassídica, Fader tentou entender o que distingue a feminilidade hassídica e por que faz sentido a elas.

Conflitos éticos se estendem às estratégias representacionais que usamos. Marion Goldman (2002) fez pesquisa etnográfica com mulheres que haviam sido parte da comunidade rajneeshpuram no Oregon Central de 1981 a 1985. O rajneeshee era um movimento sectário, uma mistura complexa de filosofias espirituais e tradições místicas, lideradas pelo carismático Bhagwan Shree Rajneesh. Devotos "escolhiam abandonar carreiras, amigos, namorados e, por vezes, famílias, para seguir um caminho espiritual radical" (GOLDMAN, 2002: 146). A rajneeshpuram se tornou controversa logo após ter começado, tornando-se cada vez mais fechada ao público e militarizada. Goldman temia uma reação negativa para as mulheres se suas identidades fossem reveladas. Ela decidiu criar esboços de personagens compostos em vez de dar pseudônimos às mulheres, que é a estratégia comum para garantir o anonimato. "Usei as próprias vozes, palavras e experiências de vida das 11 mulheres, misturando-as a personagens idealizados que protegiam os originais, sem acrescentar ficção desnecessária" (147). Goldman sabia que essa estratégia diminuiria a legitimidade de seus argumentos entre algumas audiências acadêmicas, mas decidiu que esse era o método mais ético (cf. capítulo 5 para mais dados sobre os rajneeshee).

Alguns antropólogos são pessoas religiosamente comprometidas, e é uma decisão ética adotar essa identidade em sua pesquisa. Em um ensaio provocativo, Brian Howell (2007) escreve como um antropólogo cristão que estuda o cristianismo. Ele argumenta que sua identidade cristã deveria ser entendida como um ponto de vista em compromissos morais e éticos, muito semelhantes a um ponto de vista feminista, marxista ou secular. A teoria do ponto de vista é um produto da virada crítica da antropologia, que afirma que cada visão é uma visão a partir de algum lugar. Howell não argumenta meramente que sua identidade cristã não é um impedimento para fazer boa antropologia. Ele vai adiante: "um ponto de vista cristão inspira produtivamente a prática da etnografia" (372).

Como uma ilustração, ele destaca seu trabalho de campo com batistas filipinos. Ele usou seu próprio histórico no evangelicalismo americano para compreender como o cristianismo evangélico havia assumido um caráter local nas Filipinas. Por exemplo, seu uso de "crença" não era o mesmo ao qual ele estava acostumado. Com o termo, eles denotavam algo muito mais próximo a uma forma durável de compromisso de confiança, não a afirmação individual da doutrina da Igreja correta. Como discutimos no capítulo 1, "crença" não deveria ser tácito. O exemplo de Howell lembra o escrito de Evans-Pritchard de 1965, que também via a fé religiosa pessoal como um auxílio antropológico (embora fosse um católico romano estudando bruxaria africana, não um cristão evangélico estudando cristãos evangélicos). E-P cita o linguista, antropólogo e clérigo, o Padre Wilhelm Schmidt (1868-1954):

> Se religião é essencialmente a vida interior, segue-se que pode ser verdadeiramente compreendida a partir de dentro. Mas, sem dúvida, isso pode ser mais bem feito por alguém em cuja consciência interna uma experiência de religião desempenha um papel. Há, porém, muito perigo de que o outro fale sobre religião como um cego de cores, ou alguém totalmente destituído de audição, de uma bela composição musical (EVANS-PRITCHARD, 1965: 121).

Coda

Reflexividade, como teoria, aguça nossa etnografia. Melhoramos ao examinarmos o trabalho atento de outros, e, é claro, por meio da prática contínua. O que está em risco em tudo isso? Ser reflexivo em etnografia religiosa aumenta a riqueza de nossos dados e a confiabilidade de nossa análise, em suma: a confiabilidade de nossa ciência, a beleza de nossa arte e a qualidade de nosso ofício.

Ser reflexivo é também sobre considerar o poder transformador da etnografia seriamente. Em seu trabalho com sufistas paquistaneses, Katherine Ewing (1994) insiste em que devemos permitir que nosso trabalho de campo seja capaz de mudar nossa visão da realidade. Eu acrescentaria que entender que mudanças experienciamos exige saber quais são nossos pontos de partida. Todas as áreas discutidas aqui – observação participante, relações de trabalho de campo e ética – requerem algum autoinventário. O primeiro bom movimento reflexivo que podemos fazer é perguntar quem somos quando nos colocamos no campo. É por isso que muitos etnógrafos, como parte de suas notas de campo ou em um diário de campo separado, observam suas mudanças pessoais (e. g., respostas corporais, percepções diárias, atitudes éticas). Se vocês estiverem trabalhando em um projeto de pesquisa para seu curso, podem achar um diário de campo um modo excelente de acompanhar seus questionamentos ao seu eu, e as mudanças que nele ocorrem.

Box 2.2 Etnografia religiosa e ética profissional

Vocês mesmos, ou com colegas de curso, podem resenhar o mais recente "Statement on Ethics – Principles of Professional Responsibility" (Declaração sobre Ética – Princípios de Responsabilidade Profissional). Vocês podem encontrá-lo no seguinte endereço na web (no entanto, caso tenha se movido para uma nova url, vocês podem encontrá-lo facilmente numa busca online): www.aaanet.org/profdev/ethics/ O código AAA de ética é escrito para todos os antropólogos, mas como lê-lo usando o olhar particular de etnógrafos da religião? Para cada princípio ético (havia sete na declaração de 2012) considere estas questões:
- Considerando o que esboçamos nesta seção, a etnografia religiosa poderia apresentar dilemas especiais para seguir o código?
- Exemplos de etnografia religiosa exemplificam a necessidade desse código?
- Culturas religiosas diferentes poderiam – digamos, expressões conservadoras e liberais da mesma tradição religiosa – exigir diferentes aplicações desse mesmo código?

Sumário do capítulo

Neste capítulo exploramos os desafios particulares de fazer a etnografia dos mundos, vidas e comunidades religiosos. O trabalho de campo etnográfico é a metodologia central para os antropólogos culturais, e é também amplamente praticado em estudos religiosos e na sociologia da religião. A virada crítica da antropologia instilou a importância de fazer etnografia com um olhar reflexivo para as próprias práticas e para a tomada de decisão. Fazemos isso visando a melhorar nossa ciência, arte e ofício.

Toda etnografia religiosa deve confrontar o "problema da crença" (ENGELKE, 2002). Há quatro posições dominantes dentre as quais podemos escolher ou buscar integrar: ateísmo metodológico, agnosticismo, ludismo e teísmo. Cada posição tem recomendações distintas para como a etnografia deve ser feita e implicações para realizar o trabalho diário do trabalho de campo. Cada posição também destaca o acoplamento justo de método e teoria. Talvez a característica mais reveladora que as divide seja seu posicionamento ontológico – o que sua análise reconhece como real e antropologicamente relevante.

Trabalho de campo é trabalho duro, mas também é trabalho revelador. Isso é profundamente poderoso para a etnografia religiosa, quando confrontamos temas de vida e morte, normatividade moral e estigma, salvação e suas alternativas, êxtase emocional e vulnerabilidade, carência espiritual e satisfação, cura e sofrimento, sacrifício e dedicação intensa. Revelações do trabalho de campo vêm, em parte, por meio da reflexividade prática e destacamos três áreas de investigação reflexiva: os dilemas da observação participante, a natureza formadora das relações do trabalho de campo e a inevitabilidade da ética do trabalho de campo.

Por fim, este capítulo demonstra a necessidade de sermos etnógrafos da religião diligentes. Cada um dos restantes quatro capítulos tem um imperativo etnográfico, e vocês encontrarão uma série ampla de tradições, vidas, mundos e comunidades religiosas. Enquanto sua leitura prossegue, retornem aos problemas e questões levantados neste capítulo. Qual posição metodológica está operando? Quão visível é a relação método-teoria? Que decisões de trabalho de campo preparam o caminho e permitem argumentos e achados? Que dilemas éticos os antropólogos confrontam?

Sugestões de leitura complementar

Junto aos trabalhos citados neste capítulo, considere esses livros e ensaios como os próximos passos produtivos. Para dar seguimento a "Quatro Posições", um dos primeiros questionamentos etnográficos ao ateísmo e agnosticismo metodológico é o estudo sobre bruxaria de Jeanne Favret-Saada na França rural, *Deadly Words: Witchcraft in the Bocage* (Palavras mortais: bruxaria no bosque) (Cambridge University Press, 1980). O de Joel Robbins, "Anthropology and Theology: An Awkward Relationship?" (Antropologia e teologia: uma estranha relação?) (*Anthropological Quarterly* 79(2), 2006) é um ensaio perspicaz sobre como os antropólogos podem se envolver com o trabalho dos teólogos. O de Jon Bialecki, "Does God Exist in Methodological Atheism?" (Deus existe no ateísmo metodológico?) explora as implicações ontológicas de diferentes posições metodológicas (*Anthropology of Consciousness* 25(1), 2014). Para prosseguir com "Reflexividade

Produtiva", recomendo três volumes editados. *Personal Knowledge and Beyond: Reshaping the Ethnography of Religion* (Conhecimento pessoal e além: remodelando a etnografia da religião) (New York University Press, 2002) reúne 19 ensaios de antropólogos, sociólogos e estudiosos da religião que refletem sobre aspectos metodológicos e epistemológicos de fazer a etnografia da religião. *Extraordinary Anthropology: Transformations in the Field* (Antropologia extraordinária: transformações no campo) (University of Nebraska Press, 2007) apresenta 17 ensaios antropológicos sobre o que ocorre quando etnógrafos têm experiências pessoais profundas durante o trabalho de campo. *Missionary Impositions: Conversion, Resistance, and Other Challenges to Objectivity in Religious Ethnography* (Imposições missionárias: conversão, resistência e outros desafios à objetividade na etnografia religiosa) (Lexington Books, 2012) colige oito ensaios que examinam a dinâmica do trabalho de campo em contextos missionários.

3
Corpos, palavras e coisas

Imaginem uma cena religiosa. O que há nela? O que está acontecendo? Há pessoas? O que estão fazendo? Trata-se *somente* de pessoas?

Meu palpite é que a cena que vocês imaginaram envolve pessoas fazendo ativamente algo, e que não trata apenas de pessoas. A prática religiosa trata de realizar muitos tipos de ação: cantar, dançar, bater palmas, rir, sacudir-se, ficar parado e em silêncio, ler, escrever, falar, comer, beber, trabalhar e viajar. Religião na prática também envolve pessoas cercadas por coisas: livros, roupas, joias, edificações, e uma variedade incontável de objetos naturais feitos por humanos.

Aqui está o truque: atuações e coisas não são incidentais. São enormemente importantes para os objetivos fundamentais da vida religiosa. Isso levanta um problema de pesquisa na antropologia da religião: como indivíduos e comunidades usam o visível, o tangível e o visceral para envolver. Em suma, como o imaterial é materializado?

Mediação

"Corpos, palavras e coisas" é o título deste capítulo, e aquelas são as categorias que organizam nossa discussão. Antes de começarmos a explorar exemplos etnográficos, alguma orientação conceitual ajudará. Que instrumentos antropológicos usamos para entender como o imaterial é tornado material? "Mediação" é um conceito especialmente útil, que podemos definir como: o uso de recursos sociais para estruturar nossa experiência, compreensão e comunicação.

Um interesse na mediação reflete a "virada dos meios" na antropologia da religião (ENGELKE, 2010). No capítulo 1, discutimos como a categoria "religião" esteve historicamente vinculada a suposições distintamente cristãs. Por exemplo, priorizar estados interiores como crença reflete a teologia protestante da salvação por meio da confissão doutrinal. Estados interiores são certamente importantes para muitas tradições religiosas, mas o estudo da religião não deveria ser reduzido a eles. A virada dos meios eleva nossa atenção para os elementos não interiores da vida religiosa. Três exemplos-chave são corpos, palavras e coisas. Isso também nos permite perguntar que tipos de relações existem entre crença e materialidade. Como são usados diferentes meios para criar, partilhar e refletir nossos estados interiores?

Podemos observar três qualidades de mediação de antemão. (1) Mediação é um processo. Não é algo que um indivíduo ou grupo obtém definitivamente. Mediações religiosas são feitas, refeitas, ensinadas, adaptadas, negociadas e contestadas. (2) Mediação é social. É partilhada com outros e publicamente visível. Devido a isso, mediações religiosas podem se tornar o objeto de crítica e elogio. Isso funciona conjuntamente com a mediação como processo: crítica e elogio são modos de observar e contestar. (3) Mediação tem a ver com atuação. Arte, dança, canções, escrita e qualquer outro modo de tornar o imaterial material são modos de dizer algo. Atuações são modos de falar sobre o eu, comunidade, pertencimento, aspiração e inclusive da própria religiosidade.

Todos os mundos religiosos dependem da mediação. Vemos isso em ação quando cristãos ortodoxos orientais interagem com arquitetura teologicamente importante e benzem alimento. Está em ação quando muçulmanos devotos ouvem sermões em fita-cassete enquanto caminham pela rua. Está em ação quando homens judeus hassídicos vestem a *tallit* (manto de prece) e leem alto a Torá. Está em ação quando sacerdotes e sacerdotisas vodu enchem altares com imagens e objetos. Está em ação quando pentecostais apalaches manuseiam cascavéis e oram pondo as mãos sobre rádios e TVs. Este capítulo explorará uma variedade de exemplos etnográficos, que afirmam a importância de tornar o imaterial material.

> ## Box 3.1 Aplicando a mediação
>
> Vocês mesmos, ou com ajuda de colegas, podem dedicar algum tempo se envolvendo com esse conceito de mediação.
> - Vocês compreendem a ideia e propósito básicos do conceito?
> - Por que esse pode ser um conceito necessário e o que se perde ao abordarmos religião sem ele?
>
> O melhor modo para conceitos se tornarem vivos é por meio da aplicação. Usem um dos filmes documentários da lista abaixo para ver a mediação em ação. Como os adeptos estão usando a mediação para fazer a vida religiosa funcionar? Como se evidenciam as três qualidades de processo, social e atuação? Se vocês estiverem trabalhando com colegas de curso, discutam suas respostas e observações juntos.
> - *Finding God in the City of Angels* (Encontrando Deus na cidade dos anjos) (2010; 116min): retrato da impressionante diversidade religiosa em Los Angeles, Califórnia.
> - *Embrace* (Acolha) (2011; 55min): retrato de monges budistas tibetanos, ioga tântrica e da paisagem natural.
> - *Hell house* (Casa do inferno) (2001; 85min): retrato de uma congregação pentecostal no Texas, e de sua produção anual alternativa a uma casa assombrada de Halloween.

Corpos

Nós humanos sempre tivemos um recurso material à disposição: nossos corpos. Marcel Mauss, um influente antropólogo francês (e sobrinho de Émile Durkheim), chamava o corpo nosso "primeiro e mais natural instrumento" (1935 [2006]: 83). Mundos religiosos são completamente incorporados. Corpos são usados para certificar que os espíritos estejam presentes, para tornar as identidades religiosas visíveis, e como um local para dominar a tradição devocional. E corpos particulares são constantemente lembrados e imaginados: um Jesus musculoso para alguns cristãos carismáticos, um Buda risonho dotado de uma barriga saliente. Considere três temas para pensar sobre o corpo como uma forma de mediação religiosa: aprendizagem, disciplina e os sentidos.

Aprendizagem: No ensaio de Mauss, "Techniques of the body" (Técnicas do corpo), aprendemos que um aspecto integral da socialização é o modo como corpos são treinados. Vocês experienciaram isso pessoalmente. Certas situações provocam respostas corporais instintivas, habituais e aparentemente automáticas.

Assim como trememos quando está frio, adotamos uma postura ereta quando confrontados com autoridade. Sentimentos de admiração arrepiam nossa pele. A grande sacada de Mauss é que respostas corporais são culturalmente variáveis. Para capturar essas respostas instintivas, treinadas, ele usou o termo *habitus*, que se refere ao nosso conjunto de disposições aprendidas. Uma geração mais tarde, Pierre Bourdieu (1977) elaborou sobre a natureza do *habitus* e sobre como as disposições influenciam as ações. Bourdieu argumentava que o aprendizado corporal ocorre diferentemente dentro, assim como através, das culturas. Pode haver um *habitus* específico para classes sociais, grupos étnicos e gêneros. Por sua vez, devemos esperar que o aprendizado corporal varie entre comunidades e tradições religiosas.

Disciplina. Bourdieu também se interessava muito por relações sociais como dominação e subordinação, e como relações de poder são reproduzidas por meio de nossas disposições aprendidas. Afinal, vocês não adotam aquela postura ereta para todo mundo o tempo inteiro! O filósofo francês Michel Foucault também teve um interesse duradouro pelas relações de poder. Em vez de "aprendizado", Foucault preferia o termo "disciplina" para entender como o corpo individual é o alvo das instituições poderosas (e. g., escolas, hospitais, prisões). Em sua etnografia *Politics of piety* (Políticas da devoção) (2005), Saba Mahmood estudou a reaparição islâmica no Cairo, Egito. Ela usou a noção de Foucault de disciplina para entender como mulheres muçulmanas ganham e ensinam a devoção. Mahmood questionou a suposição comum de que hábitos corporais são produtos de crenças já estabelecidas, argumentando que as mulheres muçulmanas disciplinam seus corpos por meio de prece, jejum e outros rituais como um modo de cultivar crenças.

Sentidos. Visão, audição, tato, olfato e paladar são vitais à vida religiosa. Leigh Eric Schmidt, um historiador da religião americano, explorou a relação do corpo, sentidos e religião em seu livro *Hearing things* (Ouvindo coisas) (2000). Schmidt foca a diversidade religiosa dos Estados Unidos na década de 1700 e 1800, incluindo metodistas, mórmons e shakers. Uma lição-chave do livro é que os sentidos estão constantemente sendo classificados e reclassificados na experiência religiosa. "A devoção sempre esteve profundamente ligada à recusa e deflexão dos sentidos, fosse tapando os ouvidos, desviando o olhar, ou evitando o toque, [estamos] constantemente negociando as tentações do corpo por meio do corpo" (viii). Como antropólogos que pensam interculturalmente, devemos ser cuidadosos com temas de influência cristã como "tentação". Ainda assim, reconhecer hierarquias sensoriais é um movimento analítico muito útil.

A partir daqui, exploraremos alguns exemplos etnográficos de como os mundos religiosos usam o corpo para mediar identidades e ambições espirituais. Para fazer isso, delineamos três áreas de pesquisa comparativa: alimento, música e sangue. Para cada exemplo abaixo, perguntamos como temas de aprendizado, disciplina e dos sentidos estão em ação.

Alimento

Todo mundo come. E os antropólogos usam o alimento para resolver todos os tipos de enigmas culturais, do que conta como alimento ao modo que práticas de jantar revelam estruturas sociais e o poder simbólico do alimento e do comer. Relações entre alimento e o corpo ocorrem de formas surpreendentemente diferentes em contextos culturais, e com a religião não é diferente. Comunidades religiosas usam o alimento para dizer coisas sobre quem são, quem querem ser, o que está errado com o mundo, e como o mundo pode mudar. Para alguns leitores, alimento e religião não serão um par surpreendente. Normas judaicas sobre manter kosher, a preparação de alimentos para deidades no culto hindu, ou rituais de jejum podem vir à mente. Considerem dois exemplos etnográficos, e como seu contraste ilustra o entrelaçamento de alimento, religião e mediação corporal.

Carolyn Rouse e Janet Hoskins (2004) usam o alimento para entender as transformações em uma comunidade religiosa: as mulheres Muçulmanas Sunitas Afro-americanas (AASM) em Los Angeles, Califórnia. Rouse e Hoskins contam uma história entrelaçada sobre identidades muçulmanas concorrentes, a negritude como uma identidade racial, e mudança social. As autoras focam três períodos da história da AASM: 1930-1975, a fundação da Nação do Islã até a morte de Elijah Muhammad, líder do movimento por muito tempo; 1975-2001, que viu grandes aumentos na afiliação sunita; e, pós-11 de setembro de 2001, quando todos os muçulmanos americanos se tornaram sujeitos a estereótipos negativos sobre terrorismo islâmico global. Cada período tem uma disposição diferente: um separatismo racial intransigente (1930-1975); um desejo de manifestar a compatibilidade de serem americanos, afro-americanos e muçulmanos (1975-2001); e uma ansiedade pós-11/9 sobre exibição religiosa aberta (e. g., uso do véu feminino).

Para as mulheres da AASM "percepções dos alimentos atuam como uma metáfora para um desenvolvimento de identidades políticas de gênero, raça, classe e de cidadania" (ROUSE & HOSKINS, 2004: 228). Uma mudança na percepção do alimento ocorreu em torno do *status* da *soul food*, uma culinária desenvolvida entre afro-americanos durante o período de escravidão, que usava carnes (e. g., fígados de galinha) e vegetais (e. g., verduras do campo) descartados pelos brancos donos dos escravos. Nas décadas de 1960 e 1970 *soul foods* eram vendidas para afro-americanos como um tipo de herança culinária. A Nação do Islã denunciava a *soul food* como parte do sofrimento e opressão raciais, tornando-a tabu porque poluía os corpos dos negros e contribuía para a marginalização. Na era pós-1975, muçulmanos sunitas adotaram a *soul food* como um modo de adotar uma identidade americana distintamente negra. "A cozinha do sul foi reapropriada como um tributo à agência afro-americana durante a escravidão e a legislação Jim Crow"* (ROUSE & HOSKINS, 2004: 244). Em outras palavras, a *soul food* foi transformada de uma ameaça espiritual na Nação do Islã em uma tradição cultural honrada entre muçulmanos sunitas.

Nosso segundo exemplo é também sobre *soul food*, negritude e religião, mas conta uma história muito diferente. Em sua etnografia *Thin description* (Descrição atenuada) (2013), John Jackson escreve sobre os Israelitas Hebreus Africanos de

---

* As leis de Jim Crow (em inglês, Jim Crow laws) foram leis estaduais e locais que impunham a segregação racial no sul dos Estados Unidos. As leis apareceram após a Guerra Civil e a Era da Reconstrução, no final do século XIX, e foram impostas até meados do século XX. Estabeleceram a segregação em escolas públicas, exército, transporte e inclusive banheiros e quaisquer outros espaços públicos [N.T.].

Jerusalém (AHIJ). A AHIJ é uma comunidade transnacional que alega ser descendente direta dos antigos israelitas descritos nas escrituras judaicas. Como muitas outras comunidades judaicas, eles chamam a Israel-Palestina dos dias modernos sua pátria ancestral. Uma comunidade AHIJ foi estabelecida na cidade israelense do sul Dimona em 1969, continua a prosperar lá hoje. Membros que vivem nos Estados Unidos fazem peregrinação para Dimona sempre que podem. Contudo, o Estado israelense rejeita suas alegações genealógicas e por muitos anos lhes negou cidadania estatal.

Uma crença central da AHIJ é que humanos, como a Terra, foram criados por Deus para viverem para sempre. Imortalidade! Eles acreditam que o pacto entre humanos e Deus foi quebrado por Adão e Eva, e tentam restaurá-lo por meio da purificação corporal e espiritual. Onde entra o alimento nessa imagem? Para a AHIJ, a purificação começa com o corpo humano e uma "análise cuidadosa do que e quando comer" (JACKSON, 2013: 216). Isso torna o alimento "a fundação de seu projeto [cosmológico] inteiro" (217). Em uma leitura literal do texto bíblico, eles proclamam um veganismo divinamente decretado, citando Gn 1,29: "Então, Deus disse: 'Dou a vocês cada planta com semente' sobre a face da Terra inteira e cada árvore que tenha fruto com semente nela. Eles serão seu alimento". Junto com a eliminação estrita de animais e de subprodutos animais de sua dieta, o "programa de manutenção de saúde holística" da AHIJ "determina recorrentes dias de sem sal, dias de 'alimentos solares' (alimentos cozidos direta e exclusivamente pelos raios do sol), jejum do Shabbat, enemas periódicos e exercícios físicos ao menos três vezes por semana" (JACKSON, 2013: 5).

Onde entra a *soul food*? O pacto da AHIJ visa a restaurar o mundo inteiro, não apenas a si. Eles querem ensinar e compartilhar sua manutenção de saúde holística tão amplamente quanto possível, começando com seus irmãos de raça. Uma estratégia para cumprir esse pacto foi começar uma cadeia internacional de restaurantes de *soul food* vegana. Por meio do mecanismo moderno do empreendedorismo, comunidades AHIJ buscam purificação pessoal e universal, uma tigela de *mac-n-cheese*" vegano por vez.

Muçulmanos sunitas afro-americanos e israelitas hebreus africanos de Jerusalém: duas comunidades religiosas que usam a *soul food* para fazer declarações definidoras sobre o que são. Ambos os grupos enfatizam a integração de raça, religião e alimento. Enfatizam a negritude, e criam regulações em torno do que o corpo racializado necessita. Ambos os grupos também trabalham com temas de pureza e tabu, que são temas clássicos na antropologia da religião. Em seu famoso estudo sobre religião comparativa *Purity and danger* (Pureza e perigo) (1966), Mary Douglas demonstrou como tradições religiosas ao redor do mundo e ao longo da história dividem a vida em categorias de limpo e não limpo. Douglas define sujo como "matéria fora do lugar" (36). Ela argumentava que uma característica central da vida religiosa é adotar o que é limpo e criar rituais para tornar limpo o que é sujo. Observe como isso explora o sentido de que "religião" tem a ver com estabelecer ordem. Para muçulmanos sunitas afro-americanos e israelitas hebreus africanos de Jerusalém, somos o que comemos e consumir coisas não limpas nos colocam em perigo. Aqui, vemos como objetivos fundamentais da vida religiosa podem ser fundados em mediação corporal.

Música

Alimento tem a ver com a mudança em nossos corpos, mas podemos também considerar como nossos corpos se movem. O movimento corporal ocorre numa variedade de formas religiosas, de viagem a transe a sexo. Por agora, vamos focar a dança. Uma vez mais, usamos um contraste para ilustrar como a mediação corporal funciona. Dessa vez, o contraste vem do mesmo estudo etnográfico.

Em *The color of sound* (A cor do som) (2013), John Burdick compara três grupos de músicos cristãos na maior cidade do Brasil, São Paulo. A etnografia de Burdick nos apresenta outra variação cultural de negritude. No Brasil, homens *negros* e mulheres *negras* são a população afrodescendente que está marcada como racialmente diferente dos descendentes portugueses (*brancos*), raças mistas (*morenos*) e grupos indígenas. *Negros* e *negras* são uma população estruturalmente marginalizada no Brasil: trabalhando empregos de baixo salário, vivendo em bairros instáveis e muitas vezes perigosos, e discriminados pelos *brancos* e *morenos*. A maioria de *negros* e *negras* é agora formada por *evangélicos*: uma categoria no Brasil que engloba várias denominações e tradições protestantes. Burdick formula uma questão importante sobre essa identidade racial-religiosa: "Até que ponto podem os *evangélicos* desenvolver o orgulho negro de dentro da matriz ideológica do cristianismo evangélico"? (2013: 11). Para respondê-la, ele foca um certo tipo de ator religioso: os artistas musicais. Os *evangélicos* de São Paulo atuam em três gêneros musicais: cantando *rap*, samba e *gospel*. No fim, artistas desses três gêneros diferem em como interpretam a autenticidade racial e religiosa. Uma parte central de sua diferença é como entendem e envolvem o corpo. O movimento não pode ser entendido fora das compreensões locais de voz, execução e autenticidade.

No *rap gospel*, a fisicalidade responde a intensidade e sinceridade afetivas. Se vocês se comovem, então vocês se movem. Mas como soa uma boa voz de *rap*? Como a qualidade é julgada? A voz de *rap* tem a ver com comunicar, não com prazer sonoro. Burdick descreve a voz de um *rapper gospel* desta forma: "é uma voz hipnótica, que exige atenção, faz você querer ouvi-la; mas está longe de ser uma voz bonita: ela quebra e chia e grunhe e se torna ofegante" (2013: 82). Em vez de precisão técnica, uma voz de *rap* magistral tem a ver com "praticar habilidades articulatórias como fluxo, velocidade e enunciação – e, é claro, aperfeiçoar o conteúdo da mensagem" (85). Um bom *rap* deve dizer algo significativo. Isso é o que faz os ouvintes do *rap gospel* dançarem.

A voz que canta *gospel* é quase o oposto do *rap* evangélico. Há uma "hiper-consciência da fisicalidade da voz" (137). Cantores *gospel* treinam exercitando e disciplinando os elementos materiais de sua voz: sensações da laringe, vibração, respiração controlada, projetando e posicionando lábios e línguas. Diferente do *rap*, cantar *gospel* é explicitamente racializado. As qualidades que dizem contribuir para o bom canto também são consideradas parte da negritude. A autenticidade retorna, mas numa forma diferente. Aqui, é julgada pela identidade racial, não por uma execução sincera e baseada em conteúdo. Os ouvintes dançam quando a estética da voz negra é poderosa.

O samba é diferente também. Canto *rap* e *gospel* foram importados para o Brasil dos Estados Unidos. O samba é um produto nacional, considerado amplamente um símbolo do nacionalismo brasileiro. Portanto, como soa um bom samba? "A qualidade-chave que ouvimos em sambistas é a adequação entre melodia e letra e a habilidade mínima da voz dos cantores em comunicar a última" (106). Mínima é a palavra-chave. Nem habilidade de execução nem proficiência vocal é requerida. Uma boa voz de samba sai do caminho, e deixa o ritmo assumir. Por sua vez, dançar é muito mais central ao samba do que qualquer compreensão da voz. Por essa razão, a despeito de sua posição privilegiada como um símbolo nacional, os *evangélicos* dizem que o samba é mais perigoso que o *rap* ou o *gospel*. Dançar samba é sinônimo de cultura de festa, vida noturna, sensualidade e sexualidade. Quando estava presente a um culto de igreja onde samba *gospel* tocava, Burdick observou como fiéis que dançam "evitam cuidadosamente girar" (110). Os quadris não mentem.

Sangue

Alimento e dança ilustram como a mediação religiosa funciona em como corpos são alterados e como se movem. Para uma ilustração final, vamos levar nosso pensamento sobre corpos ainda mais adiante. O sangue faz isso. Parte da compensação analítica da mediação é que destaca as relações interior-exterior. Poderíamos ser bem literais aqui. Sangue é uma substância material que existe dentro de nós. Pode ser exteriorizada para propósitos religiosos; talvez pela doação de sangue como um ato de caridade. Mas, culturalmente falando, o sangue não pode ser reduzido ao seu *status* material. Sangue tem significado. Sangue é a fonte de confusão e desacordo. Considere dois exemplos etnográficos, e o que seu contraste tem a dizer sobre o sangue como uma forma de mediação religiosa.

Os israelitas hebreus africanos de Jerusalém não são a única comunidade judaica a ser excluída pelo Estado israelense. Em *One people, one blood* (Um povo, um sangue) (2009), Don Seeman explora o exemplo de israelenses etíopes (ou, como eles se chamam, Beta Israel). Na década de 1860, colonialistas britânicos na Etiópia relataram ter descoberto um grande grupo de judeus negros que alegavam ser descendentes das tribos perdidas da Israel antiga. Como muitas outras populações africanas que encontraram o colonialismo britânico, eles foram missionizados e muitos se converteram ao cristianismo. Alguns não se converteram, e gerações mais tarde os descendentes de muitos que haviam se convertido renunciaram ao cristianismo e reivindicaram uma identidade judaica.

Na década de 1980, numa época em que a Etiópia experienciava pobreza generalizada e instabilidade política, os Beta Israel exigiram um retorno à sua pátria ancestral, a Israel-Palestina dos dias atuais. Em duas "Operações" conduzidas por coalizões militares e humanitárias internacionais – Operação Moisés em 1984 e Operação Salomão em 1991 – os Beta Israel foram transportados para Israel como refugiados. A despeito de uma decisão de 1977 do Estado israelense de que a Lei do Retorno se aplicava aos Beta Israel (diferente da AHIJ), muitos judeus israelenses discriminaram os Beta Israel como não autenticamente judeus.

Em que bases os Beta Israel alegaram autenticidade judaica, e os israelenses contestam sua identidade judaica? Não tem a ver com afirmar certas doutrinas ou praticar certos rituais. Tem a ver com sangue, descendência, parentesco. Os Beta Israel alegam uma genealogia de serem descendentes dos israelitas descritos nas escrituras judaicas; seus negadores rejeitam essa alegação. Alguns judeus israelenses dizem que são apenas "'refugiados econômicos' autointeressados" (SEEMAN, 2009: 14). Outros dizem que seu judaísmo é suspeito porque seus ancestrais recentes se converteram ao cristianismo. Legalmente, os Beta Israel podem ser cidadãos do Estado. A cidadania é mediada pela burocracia governamental. A identidade religiosa é mediada pelo sangue, e o sangue não é tão facilmente discernível. Isso chegou a um clímax sangrento em 1996 quando um jornal israelense "revelou publicamente pela primeira vez que o banco de sangue israelense administrado por *Magen David Adom* (Estrela Vermelha de Davi – o equivalente israelense da Cruz Vermelha) estava rotineiramente destruindo doações de sangue feitas por israelenses etíopes" (150). Os protestos se acumularam em Jerusalém, com alguns se tornando violentos. O "Blood Affair" (Caso do Sangue) foi um lembrete vívido do *status* marginal dos Beta Israel, do poder simbólico e material do sangue, da ambiguidade da autenticidade e da natureza arraigada das ideologias raciais.

A Igreja dos Santos dos Últimos Dias (os mórmons) apresenta um exemplo diferente de identidade religiosa, parentesco e importância do sangue contestados. Fenella Cannell (2013) conduziu um trabalho de campo com mórmons nos Estados Unidos. Cannell explora como os mórmons mantêm várias relações com sangue e descendência.

Para começar, a escritura mórmon situa os Santos dos Últimos Dias (Latter--day Saints – LDS) da América na genealogia das Tribos Perdidas de Israel: "Considera-se que o profeta dos LDS, Lehi, tenha viajado ao Novo Mundo, e que seja descendente de Efraim, filho do José bíblico" (2013: 85). Segundo, é uma obrigação religiosa para cada mórmon compilar uma genealogia familiar estendida. Membros "assumem os nomes desses ancestrais do Templo Mórmon [em Utah] onde salvação e bênçãos lhes podem ser oferecidas por meio de rituais" (83). Terceiro, há um tipo de "elite social religiosa" (83) entre mórmons cuja linhagem familiar revela descendência direta ou de Joseph Smith (o profeta fundador a partir da década de 1820) ou de Brigham Young (o profeta que liderou o assentamento mórmon no oeste americano na década de 1840).

Ao menos até o final da década de 1970, compilar genealogias familiares era uma fonte de ansiedade racial. Hospitais dos LDS estavam entre os primeiros nos Estados Unidos a estabelecer bancos de sangue organizados, "e, de 1943 a 1978, estoques de sangue 'negro' e 'branco' eram mantidos, devido ao medo entre os mórmons brancos de que sequer uma gota de 'sangue negro' pudesse tornar alguém inelegível ao sacerdócio" (86). Finalmente, preocupações com linhagem e parentesco ressurgiram em contexto de adoção de crianças: "os LDS por vezes pensam os parentes, inclusive os adotados, como tendo 'escolhido' uns aos outros... uma noção que limita a ideia de que o parentesco seja apenas fisicamente determinado, ou que a adoção seja 'menos' que parentesco biológico" (89). O sangue medeia de vários modos para os mórmons: para narrar a história religiosa, cumprir o dever religioso, atribuir *status* social e definir parentesco.

Box 3.2 Corpos religiosos

Vocês mesmos, ou com seus colegas de classe, podem refletir sobre a relação entre religião, corpos e mediação. Aqui estão algumas questões e exercícios para ajudar.

• Comecem com os termos do *habitus*, disciplina e dos sentidos. Como vocês os veem em funcionamento nos exemplos acima? Como eles os ajudam a entenderem o papel do corpo na mediação religiosa?

• Lembrem-se do exemplo da *soul food* vegana. Procurem online por um restaurante de *soul food* vegano israelita-hebreu-africano. Quando o encontrarem, olhem para o menu. Como ele apresenta a identidade AHIJ? Como reproduz ideias sobre pureza e perigo?

• Lembrem-se do exemplo dos *rappers gospel*, cantores e sambistas brasileiros. Busquem no YouTube por vídeos de execuções em cada gênero. Assistam a um exemplo de cada um e discutam como temas do corpo, voz, dança e mediação são evidentes.

• Lembrem-se dos exemplos dos Beta Israel e mórmons. Observem que ambos incluem um caso de bancos de sangue administrados de acordo com uma lógica racial. Quais são as similaridades e diferenças entre esses dois casos, particularmente, com relação a questões de autenticidade?

• Vocês estão conduzindo um projeto de pesquisa ou trabalho de campo para seu curso? Caso estejam, como a mediação corporal opera em seu projeto?

A mediação corporal também nos ajuda a pensar sobre temas mais amplos na antropologia da religião. Por exemplo:

• Observem como nossa discussão sobre a mediação corporal continuamente retornou à identidade racial. Por que isso ocorre? Como ideias sobre raça inspiram o papel dos corpos na religião e vice-versa?

• Observem como nossos exemplos de mediação corporal obscurecem os binários, como uma divisão estrita entre sagrado e profano (e. g., uma cadeia internacional de restaurantes de *soul food* vegana; samba *gospel*). Por que o corpo poderia ser especialmente bom para obscurecer os binários?

• Observem como a mediação corporal é uma estratégia que as comunidades religiosas usam para construir e atribuir autenticidade. Por que o corpo poderia ser especialmente bom para envolver debates sobre autenticidade?

Palavras

Prece, pregação, profecia, cântico, lançar feitiços, exorcizar demônios, adivinhação, aceitar juramentos e votos, confessar, testemunhar, convidar espíritos, cantar: o que essas práticas têm em comum? Elas são todas fundamentalmente atuações religiosas linguísticas. Em algumas tradições, práticas de alfabetização também são importantes (e. g., protestantes evangélicos fazendo grupos de estudos bíblicos, judeus ortodoxos lendo a Torá em voz alta). A linguagem religiosa é um excelente modo de entender tanto a religião quanto a linguagem porque ela "pode envolver as manipulações mais extremas e autoconscientes da linguagem, em resposta às suas intuições mais poderosas sobre agência" (KEANE, 2004: 431).

Nesta seção, exploramos a dinâmica da mediação religiosa perguntando como a linguagem religiosa ajuda a lembrar, transmitir e refletir sobre crenças, valores e sentidos do eu, da comunidade e do cosmos. Essa análise começa com duas ideias-chave sobre a natureza da linguagem: pragmática e arte verbal.

Primeiro, esta seção destaca a função pragmática da linguagem. Vocês podem pensar sobre isso como contrastando com a função referencial, que é sobre como usamos a linguagem para descrever uma realidade. Mas linguagem não é meramente um instrumento descritivo. Pode também ajudar a criar uma realidade. É disso que trata a função pragmática, o modo como usamos a linguagem para fazer coisas acontecerem. J.L. Austin, um filósofo da linguagem, publicou um livro influente sobre esse tópico em 1962, *How to do things with words* (Como fazer coisas com palavras). Um dos exemplos favoritos de Austin para demonstrar a função pragmática era promessas. Quando fazemos uma promessa não estamos descrevendo o mundo ao nosso redor. Estamos criando uma obrigação e uma expectativa. Anunciar um casamento, declarar guerra, batizar um navio, renunciar à família; todos esses são exemplos clássicos da função pragmática da linguagem em funcionamento.

A antropologia da religião foi importante no desenvolvimento de nossa compreensão da pragmática da linguagem. Bronislaw Malinowski, um pioneiro do trabalho de campo etnográfico, escreveu extensamente sobre "a palavra mágica" em *Coral gardens and their magic* (Jardins de coral e sua magia) (1935), seu estudo sobre a religião tradicional entre os nativos das Ilhas Trobriand da Melanésia. Um dos achados centrais de Malinowski foi que "palavras em seu sentido primeiro e essencial fazem, atuam, produzem e realizam" (1935: 52). Ele foi ainda mais longe quando escreveu: "talvez nada demonstre mais claramente que palavras são atos e que funcionam como atos do que o estudo das asserções sagradas" (55). Ele descobriu isso através do uso dos trobrianders das "formulações mágicas" quando cultivam a terra, para "produzir fertilidade", para repelir pragas, garantir a germinação e o crescimento bem-sucedido das plantas, tornar a colheita abundante e impedir que os inhames sejam comidos muito rapidamente" (53). A magia do jardim trobriand nos encaminha para o papel central da pragmática da linguagem na religião, mas existem muitos outros exemplos. Nas comunidades muçulmanas, recitar textos corânicos é um ato devocional. Em histórias de origem indígena pelas Américas, deuses e espíritos criam o mundo pela fala ou pelo canto. E, para aqueles que se lembram do filme de 1973, *O exorcista*: "O poder de Cristo compele você!"

Esta seção também enfatizará o modo como a linguagem religiosa faz uso extensivo da arte verbal. Antropólogos linguistas definem arte verbal como formas estilizadas de falar, nas quais um falante deve demonstrar competência performativa a uma audiência. A arte verbal é discurso especializado, localmente reconhecido como distinto e socialmente poderoso. Muitas formas de arte verbal se enquadram em um gênero linguístico. Gêneros de discurso fornecem uma estrutura para criar e consumir atos discursivos. Os gêneros variam por seu uso de características linguísticas selecionadas. Quando recitada em contextos locais, a linguagem religiosa se conforma às expectativas locais sobre o que dizer, quando dizê-lo e sobre como deveria ser dito. Isso inclui uma ampla série de estilística: vocabulário especializado, fórmulas padronizadas e dispositivos poéticos não comuns na fala diária. Como a arte verbal é especializada, os intérpretes tendem a ser relativamente poucos e socialmente apreciados. A arte verbal produz artistas verbais. Isso se alinha muito bem com a linguagem religiosa porque rituais tendem a ter especialistas rituais. Adivinhação necessita de um adivinho, sermões necessitam de pregadores, feitiços necessitam de feiticeiros e profecias necessitam de profetas.

Certamente, nem todo discurso ritual é arte verbal, mas uma grande quantidade dele é. Prece, o estudo de caso que exploramos primeiro, exemplifica a criatividade verbal da linguagem religiosa. Como consideramos três exemplos de prece, tenham em linha de conta esses dois temas de linguagem. De que modo a função pragmática da linguagem é evidente? Como a competência performativa é adquirida e avaliada?

Prece

A prece é encontrada em culturas religiosas amplamente diversas, não estritamente nas tradições do cristianismo, islamismo e judaísmo. Na verdade, quando se trata de linguagem religiosa, é difícil pensar em um gênero que seja tão universal. Identificar uma prece pode ser difícil. Em diferentes comunidades de discurso, a prece pode se sobrepor a vários gêneros relacionados: cânticos, feitiços, canções, adivinhação, poesia e outros. Além disso, a prece assume várias formas. Pode ser altamente roteirizada, mas também muito espontânea. Pode ser feita privadamente, em pequenos grupos ou em reuniões massivas. Onde quer que exista, a prece é sobre cura, tanto física quanto espiritual. Começamos nossa comparação de prece no sudoeste dos Estados Unidos.

Os navajos são uma tribo indígena bem conhecida na antropologia como o povo sobre o qual mais se escreve e é mais fotografado no mundo (PETERSON, 2013: 38n. 4). A religião tradicional navajo é amplamente praticada, a despeito do fato de missionários terem estado habitualmente entre os navajos desde meados da década de 1700. Estudos sobre a prece cerimonial são um bom exemplo de seu *status* "sobre o qual mais se escreve": "The prayer of a Navajo shaman" (A prece de um xamã navajo) de Washington Matthews, em 1888, a *Prayer: the compulsive word* (Prece: a palavra compulsiva) de Gladys Reichard, em 1944, e *Sacred words* (Palavras sagradas) de Sam Gill, em 1980. A discussão adiante é extraída de Margaret Field e Taft Blackhorse Jr. (2002), que analisam preces registradas nas terras da reserva navajo durante a década de 1940.

A maior parte dos rituais cerimoniais navajos trata de cura pessoal, como pedidos de proteção contra maus espíritos e exorcismos. Esses rituais podem durar de uma a nove noites, e são conduzidos por um curandeiro (*hataalu*). Curandeiros (e, menos comumente, curandeiras) falam e cantam preces que são dirigidas diretamente às deidades. Muitas preces concluem com quatro repetições da frase *hozlo nahasdlii* (a harmonia/beleza foi renovada). Dispositivos poéticos, como repetição, ajudam a definir o contexto como de cura ritual.

Field e Blackhorse (2002) se concentram no dispositivo poético do paralelismo no significado em vez do sonoro. Um exemplo de paralelismo sonoro seria rima ou aliteração, mas a prece navajo não faz isso. Em vez disso, as preces incluem padrões verbais como o seguinte, que forçam a doença a sair do corpo: "Hoje, da ponta dos dedos de meus pés irradiará (como um vapor), da ponta de meu corpo irradiará, das pontas de minha fala irradiará". Preces navajo não são pedidos, mas imperativos que "comandam e compelem deidades a agir de um certo modo" (219). Por essa razão, curandeiros devem recitar a linguagem formulaica da prece.

Do sudoeste dos Estados Unidos, vamos agora para os Andes equatorianos. Falantes do quechua por toda a parte nos Andes são descendentes incas, e o quichua se refere às variedades equatorianas. Como os navajos, os quichuas têm uma longa história de missionização (basicamente pelos católicos espanhóis). A antropóloga Rachel Corr (2004) estudou um gênero de prece entre um grupo quichua que deriva seu nome do termo espanhol para bênção (*bendicion*). No exemplo de Corr, a prece envolve alternância de código entre espanhol e quichua e insere preces católicas formais na poética quichua tradicional. Na superfície, isso poderia parecer uma forma de catolicismo indígena, mas, de fato, é um "recentramento" (CORR, 2004: 383) das preces católicas. Embora use discurso ritual católico, o foco permanece o cânone verbal quichua, a estética indígena e o elemento religioso tradicional de lembrar os ancestrais.

O principal exemplo que Corr analisa é uma bênção do alimento durante uma refeição cerimonial, "Blessing of the table" (Bênção da mesa). Elementos textuais das preces católicas (e. g., "o pão nosso de cada dia") são combinados com características da poética quichua (e. g., citação de palavras ancestrais). Os oradores de rituais preferidos (*rezachij*, literalmente "fazedores de preces") são homens quichua idosos, em contraste com homens jovens. Isso é importante porque os idosos são mais estreitamente associados com a religião tradicional. Corr argumenta que essa prece para abençoar o alimento é "um ato de memória, ligando [o quichua contemporâneo] às suas genealogias coletivas" (398). A prece se torna um modo de contar a história indígena que é excluída das histórias oficiais patrocinadas pelo Estado. Por sua vez, a prece é uma forma de resistência para os quichua porque está "enraizando as palavras em um passado ancestral coletivo", não a narrativa dominante do colonialismo missionário.

Dos Andes equatorianos, vamos agora para a Indonésia. *Muslims through discourse* (Muçulmanos através do discurso) (1993), de John Bowen, é uma etnografia dos gayos islâmicos. Os gayos são um grupo etnolinguístico que vive nas montanhas ocidentais de Sumatra. Essa região esteve sob o domínio colonial holandês de 1904 a 1945, mas sua história muçulmana retroage à década de 1600. O centro da análise de Bowen é o conflito e tensão que ocorre entre muçulmanos "modernistas" que buscam romper completamente com a religião gaya tradicional e muçulmanos que estão confortáveis com integrar o islamismo com práticas rituais tradicionais.

A linguagem religiosa é um lugar importante dessa tensão. *Doa* é o termo local gayo para "quaisquer expressões dirigidas a Deus ou aos agentes espirituais" (BOWEN, 1993: 82). Bowen observa quatro tipos de *doa*: feitiços, pedidos, recitações e preces. A prece gaya (*berdoa*) é distinta desses outros tipos de vários modos. A prece é dirigida somente a Deus. As preces podem ser proferidas pública ou privadamente, mas diferem linguisticamente. "A prece pública é inteiramente em árabe" (83), enquanto a prece privada é na linguagem gaya. Por último, "as preces contêm pedidos específicos" (83). Devido a essa última característica, as preces são problematicamente próximas aos feitiços. Feitiços são parte do repertório religioso gayo tradicional (recitado em três línguas: gayo, árabe e indonésio), e enfatizam o efeito pragmático. Bowen compara feitiços gayos ao discurso do jardim trobriand documentado por Malinowski. O problema para os gayos é este: os muçulmanos "modernistas" negam "uma ligação causal direta entre uma expressão e o recebimento de um benefício" (80), enfatizando, em vez disso, a agência de Deus na resposta aos pedidos humanos. A prece tem a ver com cura também para os gayos, mas não é atribuído a ela o poder pragmático que vemos entre os navajos devido às complexas distinções feitas entre os quatro tipos de *doa*.

Ideologias da linguagem

Até aqui, falamos sobre linguagem religiosa principalmente em termos de um gênero, a prece. Outro tema importante é o conjunto de ideologias de linguagem que uma comunidade de discurso promove. O termo "ideologia da linguagem" se refere a crenças e atitudes sobre o uso e a natureza da própria linguagem. Por exemplo, considere o exemplo de gayo que recém examinamos. Por que a prece pública deve ser falada em árabe (e não em gayo ou em indonésio)? Por que o árabe é a língua do Corão, a escritura sagrada muçulmana, considerado ser o único modo apropriado de falar diretamente com Deus ou de recitar versos do texto. Muitos muçulmanos ao redor do mundo compartilham dessa ideologia de linguagem. Identidade, experiência e prática religiosas podem ser poderosamente moldadas pelas ideologias da linguagem. Dois exemplos das tradições cristãs protestantes ajudarão a demonstrar.

Antropólogos do cristianismo descobriram uma ideologia da linguagem protestante que enfatiza a sinceridade. Webb Keane (2002) descreve isso como a suposição tipicamente não questionada de que as palavras têm uma relação transparente com as crenças: "o discurso sincero nada acrescenta ou subtrai nas palavras que já estavam lá no pensamento" (74). Esse modelo de falante sincero coloca um valor primário no dizer a verdade, na intenção pessoal, no individualismo e no discurso como uma reflexão direta do caráter moral, e favorece a espontaneidade em detrimento da fórmula rotineira. Esse modelo é consistente com outros elementos do protestantismo, como a necessidade central da doutrina verdadeira e do valor das proclamações de crença. Por sua vez, essa ideologia da linguagem tem um grande interesse em juízos de fé autêntica.

Antropólogos do cristianismo também mostraram que esse modelo de falante sincero pode entrar em choque com as ideologias da linguagem local de populações convertidas. Joel Robbins (2001) detalha um exemplo em sua etnografia sobre os urapmin, uma sociedade de menos de 400 pessoas vivendo nas terras altas ocidentais de Papua Nova Guiné que experienciaram uma conversão em massa ao cristianismo pentecostal no final da década de 1970. Diferente de muitas populações convertidas, os urapmin não buscaram integrar sua cultura religiosa recente com sua tradicional: "Com muito poucas exceções, os urapmin hoje surpreendentemente não têm interesse na possibilidade de sincretizar ideias cristãs e tradicionais" (ROBBINS, 2001: 903). Contudo, eles muito se debatem com a prece e outros gêneros de discurso cristão, que se tornaram "a parte mais rotineira de sua prática religiosa" (904). Embora o modelo de falante sincero exija uma confiança profunda na linguagem falada, sua ideologia da linguagem tradicional promove uma desconfiança da palavra falada. No pensamento tradicional urapmin, "pensamentos, sentimentos e desejos estão ocultos no coração humano [e] não podem ser confiavelmente comunicados por meio da fala" (906). A conversão para os urapmin teve muito mais a ver com simplesmente adotar novas crenças religiosas. A conversão significava se reconciliar com novas formas de compreender a natureza das palavras e o que elas podem fazer.

Para uma segunda ilustração, considere contrastar ideologias cristãs sobre o silêncio. As palavras mediam, mas sua ausência também. Richard Bauman (1974) estudou as práticas de culto entre os quacres ingleses de 1650 a 1690. Parte da teologia quacre inicial era que a Bíblia "consistia em uma palavra de Deus... e que a revelação era um processo em curso e progressivo, a ser concretizado por cada humano" (145). Os indivíduos podiam experienciar diretamente a revelação divina por meio de sua "Luz Interior". Isso se refere a uma parte espiritual da constituição humana "inacessível às faculdades naturais e mundanas humanas" (145). "Uma supressão do eu mundano" (145) era necessária para experienciar a revelação, que os quacres equiparavam a ser silente. O silêncio ritual permitia aos adeptos ouvirem sua Luz Interior. Como resultado, o culto quacre era definido por longos períodos de silêncio, pontuados por proclamações de Luz Interior, e retornos ao silêncio. A teologia era ideologia da linguagem, ou seja, uma des-valorização da fala constante.

Compare esse imperativo quacre em relação ao silêncio ritual com um caso de fracasso ritual. Durante o curso de vinte anos, Simon Coleman fez trabalho de campo etnográfico com uma megaigreja cristã carismática na Suécia. Coleman

(2006) conta a história de um culto no qual o pregador fazia "uma corrida ofegante" de uma hora "ao longo da Bíblia" (39). Durante o sermão, o pregador colocava uma questão à multidão reunida: "Nunca notamos a diferença entre uma quietude que é vazia e uma que é plena de Deus?" Cultos típicos nessa igreja terminavam com um chamado ao altar, uma mistura desordenada de prece, canção e fala em línguas. Em vez disso, o pregador encerrava esse culto particular tornando o silêncio significativo pelo qual havia anteriormente perguntado, permanecendo de pé e em silêncio. Isso abalou a disposição extática, criando um embaraço incrível. O culto terminou com uma lamúria, não com a explosão normal. Por quê? Coleman argumenta que o experimento desse pregador fracassou porque burlou as regras das ideologias comunicativas carismáticas. O "carismático ideal ouvindo e falando, recebendo e transmitindo a linguagem sagrada" (44). No silêncio, troca carismática normal de "linguagem entre pessoas [foi] bloqueada" (57). Os ouvintes ficaram confusos: falar poderia desafiar a autoridade do pregador, mas sentar-se em silêncio devocional os reduziria a ouvintes passivos. Isso é dramaticamente diferente do que o valor elevado que os quacres colocam no silêncio. Como vocês descreveriam as ideologias da linguagem – sobre palavras, falar e ouvir – que nos ajuda a distinguir as vidas rituais dos quacres e carismáticos?

Box 3.3 Palavras religiosas

Nesta seção, destacamos três instrumentos analíticos para entender a relação entre linguagem religiosa e mediação:
- A função pragmática: a habilidade das palavras para criar, não apenas para descrever.
- A arte verbal: atuações estilizadas de gêneros de discurso, muitas vezes feitos por especialistas rituais.
- A ideologia da linguagem: crenças e atitudes sobre a natureza da linguagem, uso da linguagem, falantes e audiências.

Se vocês estiverem conduzindo pesquisa ou trabalho de campo para seu curso, podem continuar trabalhando com esses conceitos aplicando-os ao seu projeto. Isso funciona melhor se vocês tiverem dados registrados em áudio ou vídeo que possam ser analisados atentamente. Alternativamente, vocês podem ver um dos dois filmes abaixo, que estão recheados de exemplos ricos de linguagem religiosa:
- *Jesus camp* (Acampamento de Jesus) (2006; 87min): o retrato de um acampamento de verão pentecostal, descrevendo jovens que participam e os líderes que organizam o acampamento.
- *A life apart: Hasidism in America* (Uma vida separada: o hassidismo na América) (1997; 96min): um retrato da comunidade judaica hassídica ultraortodoxa no Brooklin, na cidade de Nova York.

> Vocês mesmos, ou com colegas do curso, podem considerar as seguintes questões sobre o filme:
> • Quantos gêneros de linguagem religiosa vocês podem identificar? Que características linguísticas e performativas separam cada gênero? O que aprendemos sobre falantes e sua relação com audiências?
> • Como a função pragmática da linguagem é evidente através dos gêneros que vocês identificaram?
> • Que ideologias da linguagem são evidentes através dos gêneros que vocês identificaram?

Coisas

"Coisas" é um termo amplo, vago e jocoso para usar. Não se preocupe, vamos ficar mais específicos, claros e (principalmente) sérios. Quero dizer, para pensarmos sobre objetos materiais e seu papel na mediação religiosa. Em algumas tradições, objetos materiais são a fonte de debate carregado. O cristianismo é um grande exemplo. Poderíamos retroagir ao Império Bizantino e à Controvérsia Iconoclasta de 700-900 E.C., quando a Igreja se dividiu ressentidamente quanto a venerar ou destruir ícones e imagens. Depois, novamente, na década de 1500, coisas foram parte dos cismas que dividiam a Reforma protestante. O calvinismo se formou em oposição ao luteranismo, em parte, devido a "uma negação gritante do poder das coisas materiais para mediar as ações divinas" (KEANE, 2007: 60). A adesão luterana a uma Eucaristia católica levou João Calvino a acusar Lutero de "uma concepção carnal e crassa de Deus" (apud KEANE, 2007: 61). Essa história ajuda a explicar por que algumas igrejas cristãs hoje têm arquitetura e artes elaboradas, enquanto outras têm decoração extremamente austera.

Mas se estressar com coisas, de modo algum, é uma preocupação somente cristã. Considere a religião tradicional afro-caribenha dos garifuna, um grupo etnolinguístico indígena, que vive agora em Honduras, na Guatemala, Belize e na Nicarágua. Seus ancestrais são uma mistura de grupos africanos e ameríndios que viviam na ilha caribenha de St. Vincent na década de 1600.

Condições econômicas difíceis na América Central se combinaram a uma política americana de imigração liberalizada em 1965 para trazer um terço dos 300.000 garifuna para os Estados Unidos. Em sua etnografia, *Diaspora conversions* (Conversões de diáspora) (2007), Paul Johnson fez trabalho de campo entre os xamãs de possessão espiritual (*buyei*) garifuna no país natal (Honduras rural) e na diáspora (cidade de Nova York).

Altares são um elemento ritual crucial para os xamãs garifuna. São usados para mediar relações com espíritos ancestrais e são repletos de misturas ecléticas de objetos materiais. Compreender por que certos objetos estão no altar xamânico, e por que alguns não estão, ajuda muito a compreender a religião garifuna. Em Honduras, maracás e garrafas de rum são amontoadas próximas a cachimbos, charutos, gravetos, fotos de santos católicos e outros itens. O graveto é colocado sobre a cabeça do xamã para moderar os transes de possessão. Cachimbos e maracás eram parte das descrições dos primeiros exploradores sobre a prática religiosa da ilha caribenha. E os santos eram emprestados dos missionários e são agora exortados junto aos ancestrais para cura.

Coisas importam em tradições religiosas muito diferentes, dos calvinistas europeus aos xamãs afro-caribenhos. E coisas servem a muitas funções. São veículos de poder espiritual, ajudas rituais, representações do divino e significantes da história religiosa. Elas estão presentes na vida ritual e na vida diária. Poderíamos levar o tópico amplo de "coisas" em várias direções, de modo que será útil nos concentrarmos em um tipo particular de objeto material: as mercadorias.

Mercadorias

Mercadorias são produtos comprados, vendidos e comercializados conforme um valor de mercado. Em contextos capitalistas, o valor diz respeito ao custo econômico, mas também à vida social, à importância de uma mercadoria. O valor pode diferir em quanto sentido uma mercadoria faz para um público consumidor, por quantos mercados ela circula e quanta excitação ela gera. Em contextos capitalistas globais, as mercadorias experienciam campanhas massivas de propaganda e promoção da marca.

Estudiosos marxistas têm uma longa tradição no estudo das mercadorias. Não vamos recapitular essa tradição aqui, mas nos ajudará considerar uma das percepções mais penetrantes dos estudos marxistas: o processo de mercadorização não tem a ver apenas com a criação de um mercado *de* coisas, mas também com criar um desejo *por* coisas. Essa percepção passa imediatamente para uma questão que preocupa estudiosos da religião, assim como muitos adeptos religiosos. Como a religião e o consumo capitalista trabalham juntos? (Observe como isso recalibra a questão central de Weber em *A ética protestante e o "espírito" do capitalismo* (1905), que enfatizava a produção capitalista.)

Sob certos aspectos, religião e capitalismo poderiam ser vistos como sistemas concorrentes. Eles competem por tempo, energia, lealdade, desejos e necessidades. Todavia, as pessoas encontram muitos modos de integrar consumo de mercadorias em suas vidas religiosas. Por exemplo, encontramos xamãs garifuna decorando altares com itens comprados. Também encontramos produção artesanal e produção de massa de mercadorias religiosas, de bíblias a estátuas de Buda. Nos três exemplos abaixo, mantenham um olhar atento a como o consumo capitalista funciona com ideais e ambições religiosos. Integram-se adequadamente ou existem em tensão entre si?

Em sua etnografia, *An imagined geography* (Uma geografia imaginada) (2004), Joann D'Alisera estudou as vidas social e religiosa dos muçulmanos de Serra Leoa em Washington, D.C. Em 1989, uma guerra civil eclodiu na nação do oeste africano da Libéria. Essa em breve se espalhou para a vizinha Serra Leoa, conflagrando um conflito armado de onze anos. Na diáspora para D.C., D'Alisera descobriu que mercadorias religiosas populares desempenharam um papel importante em suas vidas diárias.

Decalques, fitas-cassete com recitações do Corão, panfletos educativos, tapetes de prece, rosários de prece, perfumes, óleos, incenso, marcadores de livros e chaveiros com escrita corânica, relógios despertadores e relógios de pulso que anunciam as horas de prece, canecas de café, cartões de final de ano e cartões-postais: todos são vendidos no Centro Islâmico de D.C. Muitos dos consultantes de D'Alisera tinham ocupações da classe trabalhadora, como homens que dirigiam táxis e mulheres que operavam estandes de alimentos de esquina. Esses homens e mulheres encontraram usos versáteis para mercadorias islâmicas populares. Junto ao seu propósito devocional, esses migrantes usavam mercadorias para "registrar", compor, a vida cotidiana com um senso de ordem. Uma cadeia corânica, uma coisa muito pequena, vincula-os à comunidade muçulmana global e ajuda a mitigar "o peso físico e cultural do deslocamento" (2004: 80). Mais do que isso, como um lugar como o interior de uma cabine de táxi é tanto privado quanto público, mercadorias religiosas eram um meio de "criar um espaço muçulmano" (78). Isso não é pouca coisa, se lembrarmos que esse é um grupo repetidamente marginalizado, e que reivindicar espaço é sempre um ato de poder.

Das ruas da capital da nação americana, viajamos para as ruas de Seul, na Coreia do Sul. Lá, Laurel Kendall (2008) fez pesquisa etnográfica com xamãs coreanos que realizam ritos de cura (*kut*) "para clientes cujos problemas domésticos, reveses nos negócios ou problemas de saúde os levam a suspeitar, e a solicitar a adivinhação de um xamã para confirmar que os ancestrais estão famintos e os deuses querem atuar" (155). Por meio de banquetes e entretenimento organizado pelo xamã, os espíritos se satisfazem e as preocupações dos clientes são aliviadas. O banquete e o entretenimento dos *kut* fazem amplo uso de mercadorias alimentícias.

O contexto econômico mais amplo é especialmente importante nesse exemplo. A Coreia do Sul contemporânea é um lugar de riqueza financeira recente. Uma ditadura militar de 1961 a 1987 que impunha medidas de austeridade (e. g., rações de arroz) deu lugar a uma prosperidade econômica, marcada pelo prestígio global (e. g., Seul sediou as Olimpíadas de Verão de 1988) e consumo conspícuo. Muitos coreanos são moralmente divididos com relação à riqueza e ao consumo: eles gostam do prestígio global, mas se lembram da austeridade e se preocupam com perder uma identidade nacional para o capitalismo global. Essa ambiguidade reaparece no ritual de cura xamânico. Os espíritos têm gostos mais refinados comparados às gerações anteriores. O *kut* envolve agora frutas importadas como bananas, uísque estrangeiro como Johnny Walker Red e iguarias como caixas de chocolate (KENDALL, 2008: 154). Termos como "oferendas" ou "símbolos" não capturam adequadamente esse uso ritual de mercadorias. Eles são mais como "acessórios". Como acessórios teatrais que aumentam o drama e a credibilidade da atuação, os acessórios xamânicos aumentam o sucesso ritual.

Para nosso terceiro exemplo, mudamos para utensílios metodológicos. *Toying with God* (Brincando com Deus) (2010) é um estudo em religião comparativa de Nikki Bado-Fralick e Rebecca Sachs Norris. Seu tema é uma mercadoria global produzida em massa: jogos e bonecos religiosos. Para nomear apenas alguns artefatos que coletaram e analisaram: o mercado de brinquedos religiosos inclui lancheiras hindus, jogos de tabuleiro o *Kosherland* judaico, tabuleiro de monges budistas, figuras de ação da Bíblia e bonecas Fulla (a anti-Barbie muçulmana).

Poderíamos argumentar que jogos religiosos e bonecas servem a várias funções. Poderiam ajudar a socializar as crianças em uma tradição religiosa. Poderiam ser um modo de tornar o lazer significativo (em vez de, digamos, pecaminoso ou dissipado). Poderiam ser uma estratégia evangelizadora. Poderiam inclusive ser um modo de parodiar, satirizar ou subverter a sua tradição religiosa ou a de outros. Embora não desconsiderando essas, *Brincando com Deus* enfatiza outra possibilidade. Jogos religiosos e bonecas são um exemplo da religião vivida que media aspectos da vida moderna que tendemos a separar: entretenimento divertido e religião séria, lazer e devoção, brincadeira e culto. Ao fazer isso, essas mercadorias nos envolvem como "entes incorporados, de sensibilidade, sentimentos, pensamentos" (BADO-FRALICK & SACHS NORRIS, 2010: 96). E com isso fechamos o círculo, de volta ao papel do corpo na mediação religiosa.

> **Box 3.4 Materialidade religiosa**
>
> Vocês mesmos, ou com colegas de classe, podem refletir sobre o papel das coisas na mediação religiosa. Vocês poderiam começar com a questão que colocamos no começo desta seção: Como a religião e o consumo capitalista trabalham juntos? Para os exemplos apresentados:
> • Como as mercadorias são usadas na prática religiosa?
> • Onde vocês veem uma adequação confortável?
> • Onde vocês veem tensão?
> • Como as mercadorias sugerem uma fronteira permeável entre "religião" e outras partes da vida social?
> Vocês também podem trabalhar com o seguinte exercício. Façam uma busca online de uma companhia ou lugar que venda mercadorias religiosas. (Vocês poderiam ficar com um dos exemplos desta seção: encontrar uma companhia de brinquedos religiosos; ou encontrar o website do Centro Islâmico de Washington.)
> • Que variedade de mercadorias religiosas está sendo vendida?
> • Como são apresentadas aos consumidores?
> • Como envolvem ou comentam sua tradição religiosa?
> • Quão similares, ou dissimilares, são dos exemplos nesta seção?

Sumário do capítulo

Neste capítulo, exploramos o processo de mediação religiosa. Indivíduos e comunidades locais encontram modos de tornar o imaterial da vida religiosa visível, tangível, visceral e material. Crenças são comunicadas, morais vividas, emoções expressas e espíritos manifestos. O interior é externalizado. O extra-humano entra no domínio do muito humano. A mediação é um processo que ocorre em meio a múltiplos contextos sociais: arranjos rituais imediatos, vida da comunidade local, política regional, economias nacionais, fluxos globais e tradição histórica. Para essa exploração, baseamo-nos em vários guias etnográficos:

• Dois casos de *soul food*: muçulmanos sunitas afro-americanos e israelitas hebreus africanos de Jerusalém.

• Três gêneros de música brasileira evangélica: *hip hop*, *gospel*, canto e samba.

• O *status* do sangue entre israelenses etíopes e mórmons nos Estados Unidos.

• Três exemplos de prece: curandeiros navajos, oradores rituais quichua e muçulmanos gayo na Indonésia.

• Ideologias da linguagem conflitantes entre pentecostais urapmin da Papua Nova Guiné.

- Dois casos de silêncio ritual: quacres na Inglaterra e cristãos carismáticos na Suécia.
- Três exemplos de uso de mercadoria: muçulmanos de Serra Leoa, xamãs coreanos e brinquedos religiosos.

Para dar sentido a esses exemplos, baseamo-nos em uma série de conceitos:

- mediação;
- *habitus*;
- pragmática da linguagem;
- arte verbal;
- ideologia da linguagem;
- mercadorização.

Por fim, este capítulo nos ajuda a pensar sobre a natureza profundamente social da vida religiosa. Também nos ajuda a mostrar algo sobre a fisicalidade, tatilidade e sensibilidade da religião. Espero que vocês tenham vislumbrado as formas amplamente diferentes pelas quais a mediação religiosa pode ocorrer. E, de fato, apenas arranhamos a superfície! Se estiverem trabalhando em um projeto de pesquisa ou de trabalho de campo para sua classe, o que mais vocês estão vislumbrando sobre mediação?

Sugestões de leitura complementar

Junto aos trabalhos citados neste capítulo, considere estes livros e ensaios os próximos passos produtivos. Para dar seguimento a "Mediação" há um intercâmbio provocativo entre Matthew Engelke e Charles Hirschkind na revista *Social Anthropology* (2011, 19(1)), que expõe problemas teóricos importantes na mediação religiosa. Para "Corpos", um ensaio fundamental para a antropologia da religião é o de Thomas Csordas "Embodiment as a Paradigm for Anthropology" (Incorporação como um paradigma para a antropologia) (Ethos, 1990). Para uma etnografia que vincule religião, sentidos e poder político, há o trabalho de Charles Hirschkind, *The Ethical Soundscape: Cassette Sermons and Islamic Counterpublics* (O panorama sonoro ético: sermões em cassetes e contra públicos islâmicos) (Columbia

University Press, 2006). Para prosseguir com "Palavras", um ensaio de revisão útil é o de Webb Keane, "Language and Religion" (em *A Companion to Linguistic Anthropology*, Blackwell, 2004). Para uma etnografia que vincule religião, linguagem, gênero e socialização, há o trabalho de Ayala Fader, *Mitzvah Girls: Bringing up the Next Generation of Hasidic Jews in Brooklyn* (Garotas do Mitzvah: criando a próxima geração de judeus hassídicos no Brooklin) (Princeton University Press, 2009). Para "Coisas", um recurso excelente é o volume editado *Things: Religion and the Question of Materiality* (Coisas: religião e a questão da materialidade) (Fordham University Press, 2012), que reúne 22 ensaios teóricos, etnográficos e históricos. Vocês também podem gostar de explorar *Material Religion* (Religião material) (www.bloomsbury.com/us/journal/material-religion/), uma revista de primeira categoria na antropologia da religião e estudos religiosos.

4
No tempo, no lugar

Os beng são uma sociedade relativamente pequena (c. 12.000 pessoas) vivendo às margens da política e economia da Costa do Marfim no oeste da África. Eles são o grupo nativo mais antigo da Costa do Marfim, e muitos beng usam estratégias tradicionais de agricultura, caça e coleta para subsistir. Em meio à conversão crescente ao cristianismo e ao islamismo, muitos beng continuam a praticar sua religião tradicional. Uma característica distinta da religião beng é sua afirmação de que as crianças levam vidas profundamente emocionais e espirituais. Isso, porque os bebês beng não são pessoas novas sem qualquer consciência de si e de memória, são reencarnações de um ancestral (GOTTLIEB, 2004).

Quando um bebê beng nasce, ele ou ela começa a transição para este mundo a partir do *wrugbe* (literalmente, "aldeia do espírito"). *Wrugbe* é um espaço e tempo que existe entre a morte e a nova vida. É o lugar de residência para todos os beng que ainda não reencarnaram. É um lugar espiritual com coordenadas deste mundo. Adultos beng identificam o *wrugbe* como uma série de vizinhanças invisíveis que estão dispersas ao longo das grandes cidades africanas e europeias. O lar dos ancestrais mortos e das crianças que ainda serão reencarnadas, *wrugbe* é acessível aos adultos beng por meio dos sonhos, aos quais viajam e retornam com histórias para compartilhar (GOTTLIEB, 2004).

Até que o coto do cordão umbilical do recém-nascido cai, ainda são considerados estar completamente no *wrugbe*. Os beng não fazem funerais para recém-

-nascidos que morrem; na verdade, essas passagens não são consideradas mortes em termos locais, simplesmente o retorno corporal ao *wrugbe* de uma pessoa que ainda não estava pronta para voltar para este mundo. Quando o coto umbilical se separa, a criança começa uma jornada de sete anos para completar a separação do *wrugbe*. Como os bebês beng não são simplesmente nascidos, mas emergem do *wrugbe*, seu *status* como pessoas completamente espirituais tem ramificações claras e distintas das práticas de criação de filhos (GOTTLIEB, 2004).

Por exemplo, os pais "fazem tudo que podem para tonar essa vida confortável e atrativa para seu filho, para garantir que não seja tentado a retornar ao *wrugbe*" (GOTTLIEB, 2004: 87), incluindo presentes de búzios (uma moeda importante para os ancestrais). Como um lugar de reunião para todos que morrem, não apenas os beng, o *wrugbe* é um lugar essencialmente multilíngue. A socialização linguística não diz respeito a crianças aprendendo a língua beng, e sim às crianças perdendo todas as outras línguas que aprenderam da vida no *wrugbe*. Por essa razão, os cuidadores beng constantemente envolvem as crianças como participantes completos na conversação diária. Bebês beng sabem muito bem o que está sendo dito ao redor deles. Mães beng se desculparão e farão piadas com seus bebês, atos de fala que presumem um ouvinte cultural e linguisticamente competente. Embora ainda não possam falar porque não estão completamente separados do *wrugbe*, crianças beng têm uma compreensão linguística completa, assim como levam vidas espirituais completas. Diferente de muitos modelos ocidentais para a infância, os bebês beng não são pessoas sem agência ou telas em branco que ainda não atingiram alguma identidade real. Elas estão cheias de intenção, memória e consciência de si (GOTTLIEB, 2004).

Construção do mundo

A vida espiritual de um bebê beng ilustra como as religiões situam seus adeptos dentro de uma realidade particular. As religiões fornecem estruturas experienciais, ideológicas, morais, sociais e cosmológicas que os adeptos aceitam como verdadeiras e definitivas. Desconverter-se de uma religião particular envolve uma rejeição de uma ou todas as estruturas de realidade da tradição. Mover-se através de mundos religiosos tem muito a ver com se mover através de planos de realidade. O conceito de "mundos religiosos" é, portanto, uma categoria comparativa produtiva para a antropologia da religião. (Além disso, se os mundos religiosos constituem realidades vividas diferentes, então, estudar através de mundos religiosos é um excelente exercício em relativismo cultural, um pilar do pensamento antropológico.)

O problema de como os mundos religiosos são feitos é descrito no trabalho de William Paden (1988). Paden argumenta que sistemas religiosos são melhor pensados como mundos (ou realidades) que exigem construção e manutenção constante. "Cada comunidade religiosa atua sob premissas de seu próprio universo, com sua própria lógica, suas próprias respostas às suas próprias questões" (7). A abordagem de Paden reitera uma crítica que discutimos no capítulo 1 sobre as definições apenas intelectuais de religião. Em vez de reduzir a religião a um conjunto de crenças, valores ou doutrinas, deveríamos sempre ver os mundos religiosos como "alguma coisa vivida, atuada, incorporada" (57). Os beng demonstram isso perfeitamente. Não é simplesmente que tenham ideias sobre reencarnação, eles organizam o cuidado diário das crianças de acordo com a relação do *wrugbe* com este mundo.

Todos os mundos religiosos concebem seus adeptos nos dois horizontes de tempo e lugar. Nossa discussão ao longo deste capítulo é organizada em torno desses dois eixos de orientação, de modo que será útil descrever alguns aspectos-chave de cada um deles desde agora. Como parte do estudo mais amplo da cultura, antropólogos usam o termo "temporalidade" para se referir a modelos vividos para a natureza do tempo e sua passagem (GUYER, 2007). Mundos religiosos ajudam a estabelecer isso para seus adeptos, muitas vezes definindo a temporalidade básica ou única que estrutura a vida diária. Paden escreve: "cada mundo religioso tem seu próprio passado. Cada um tem sua própria história" (1988: 75), e eu acrescentaria também seu próprio presente e futuro.

A temporalidade do mundo religioso pode munir adeptos de explicações para as origens da vida, o que ocorre após os indivíduos morrerem, onde os espíritos residem e o fim de toda existência. Mundos religiosos apresentam possibilidades como o ciclo sem fim de reencarnação dos beng, o nirvana dos budistas como uma interrupção de seu ciclo de morte e renascimento, e a promessa do retorno messiânico em numerosas tradições cristãs e judaicas. Algumas tradições protestantes dividem a história em períodos que chamam "dispensações", que a humanidade está progredindo no caminho de um novo Céu e de uma nova Terra (HARDING, 2000). Paden escreve que "as religiões são comunidades de memória mais do que coleções de dogmas" (1988: 78). Ao enfatizar a memória, está enfatizando que os mundos religiosos não são apenas modos de explicar como o tempo se desdobra. São também modos de as pessoas construírem relações com o passado, a fim de fomentar a identidade e organizar a vida religiosa. É por isso que os calendários religiosos exibem tempos de recordação: o ramadã para os muçulmanos, o *shmita* judaico e festivais para os santos no catolicismo e na ortodoxia oriental.

O lugar, como o tempo, é um eixo básico de orientação. *Senses of Place* (Sensos de lugar) (1996a) é uma brilhante coleção de ensaios antropológicos editados por Steven Feld e Keith Basso. O foco desse volume é o ato humano de criar vínculos a lugares. Os editores descrevem esses vínculos como "teorias locais do morar – que não é apenas viver no lugar, mas abrange modos de combinar ambiente com situação, localidade com mundo da vida" (FELD & BASSO, 1996b: 8). Morar captura a diferença fundamental entre espaço físico e lugar habitado. O segundo tem a ver com a imposição ativa e socialmente feita de significado a espaços. Um senso de lugar, como a temporalidade, orienta um mundo religioso, dá a ele senso de orientação. E, como a temporalidade, sensos de lugar não têm a ver meramente com teorias, crenças, significado e valores; eles abrangem envolvimentos completamente incorporados à vida diária.

Pretensões a espaço sagrado são um modo crucial pelo qual o senso de lugar é expresso pelos mundos religiosos. Estudiosos da religião nas ciências sociais estabeleceram três modelos para compreender o espaço sagrado (LANE, 2001). Abordagens "ontológicas" veem o espaço sagrado como "radicalmente separado de tudo que é profano" (57). Espaços são completa e definitivamente especiais, sejam sagrados ou não. Essa abordagem reifica a divisão entre sagrado e profano (cf. capítulo 1), um movimento que muitos argumentariam ser uma leitura equívoca de Durkheim. Abordagens "culturais" mudam a ênfase de espaços sendo inerentemente sagrados para ver o espaço como socialmente construído. O envolvimento humano com o espaço é historicamente formado, coletivamente gerenciado e ideologicamente saturado. Metodologicamente, isso cria uma oportunidade para ver como espaços se tornam investidos com significados múltiplos e o local das pretensões concorrentes a espaço sagrado. Abordagens "fenomenológicas" veem o espaço como socialmente construído, mas acrescentam a isso um foco em como a "topografia e o caráter material" (58) dos espaços estruturam possibilidades para a experiência humana. Aqui, há uma interação de comunidades religiosas com os próprios espaços.

O "senso de lugar" de Feld e Basso é consistente com abordagens culturais e fenomenológicas, ambas consistentes com uma atitude durkheimiana que "situa o sagrado no nexo das práticas humanas e projetos sociais" (CHIDESTER & LINENTHAL, 1995: 5). Comunidades religiosas investem o espaço de poder e significado sagrados, muitas vezes devido ao caráter distinto dos espaços particulares. A produção do espaço sagrado ocorre por meio "do trabalho humano da consagração" e "do trabalho cultural do ritual, em situações histórias específicas, envolvendo o duro trabalho da atenção, memória, planejamento, construção e controle do espaço" (6). Abordagens culturais e fenomenológicas reconhecem paisagens naturais (e. g., pretensões judaicas à Israel-Palestina como sua herança bíblica de direito) e ambientes construídos (e. g., a reverência mórmon ao Tabernáculo de Salt Lake) como espaços sagrados.

É importante também observar que tempo e lugar não são ancoradouros distintos de construção do mundo, mas são profundamente entrelaçados um ao outro. Modelos de temporalidade podem implicar relações especiais com espaço, e sensos de lugar podem envolver uma orientação temporal. Uma vez mais, os beng ilustram um princípio básico: o *wrugbe* é um local tanto no tempo quanto no espaço. Encontraremos outros casos etnográficos adiante, incluindo os dois exemplos seguintes. Considere as histórias da criação das religiões tradicionais americanas nativas, que frequentemente envolvem a nomeação de locais particulares em um cenário local como sagrado. E considere a prática da peregrinação cristã à "Terra Sagrada" em Israel-Palestina, que é feita como uma viagem no tempo oscilando entre a história bíblica e o presente.

Quais são as implicações diárias de viver em um mundo religioso particular? E como os adeptos religiosos realizam e administram seus projetos de construção do mundo? Essas são as questões que buscamos responder no restante deste capítulo. Para fazermos isso, examinamos diferentes modos pelos quais as comunidades religiosas usam práticas e narrativas rituais para construir e manter modelos de temporalidade e sensos de lugar. Começamos com uma tradição muito rica de investigação antropológica: o estudo da peregrinação.

Peregrinação

Indivíduos e grupos realizam jornadas devocionais a locais especiais como um tipo de viagem ritual em muitas tradições religiosas. As naturezas dos locais de peregrinação são diversas. Algumas são integrais às origens religiosas (e. g., peregrinos budistas a Lumbini, no Nepal, onde Sidarta Gautama nasceu); alguns são locais de revelação espiritual (e. g., montanha Tepeyac na cidade do México, onde a Virgem Maria apareceu a Juan Diego); e alguns locais são reconstruções de locais historicamente importantes em uma tradição (e. g., a réplica da Casa Sagrada de Nazaré em Walsingham, Inglaterra). Em todo caso, pensando uma vez mais com Émile Durkheim, o sagrado não é simplesmente descoberto nos locais de peregrinação, é ativamente produzido por meio de cada porção da jornada ritual (sair de casa, viajar, chegar, devoção ao local, viajar de volta e retornar para casa). E, de qualquer modo, a peregrinação é um ritual revelador da construção de mundo religioso: por sua função de produção do sagrado, seu vínculo ao lugar e sua experiência do tempo. Para entendermos mais como a peregrinação envolve o problema da construção de mundo religioso, deveríamos considerar como antropólogos explicaram a peregrinação. Há três critérios teóricos a considerar.

Communitas

A primeira abordagem elabora uma teoria ritual clássica. Devemos essa ao trabalho de Victor e Edith Turner *Image and pilgrimage in Christian culture* (Imagem e peregrinação na cultura cristã) (1978). Os Turner argumentam que a peregrinação é uma versão moderna ("pós-industrial" é seu termo) de um rito de passagem. Esse conceito, rito de passagem, deriva do trabalho do folclorista francês Arnold van Gennep (1909). Van Gennep sustentava que cada sociedade venera certos eventos rituais, que funcionam como marcadores públicos da transformação de *status*. Ele argumentava que ritos de passagem contribuem para a coesão social e reafirmam o sistema estabelecido de papéis sociais. Todos os ritos de passagem têm três estágios: separação, transição e incorporação. Como um exemplo, considere a *hajj* (a peregrinação islâmica a Meca, a cidade de nascimento de Maomé que é próxima ao local de sua primeira revelação divina, durante o mês final do calendário islâmico).

Os peregrinos se separam de seus pares sociais, em parte ao viajarem para essa cidade árabe saudita, mas também ao entraram na condição ritual do *ihram* (isso inclui uma série ampla de práticas de higiene e a troca das roupas do dia a dia por um traje branco sem costuras). No estágio de transição, que Van Genep chamava liminaridade (*liminality*) (do latim *limen* para "limiar"), os participantes rituais não estão mais em seu *status* anterior nem ainda em seu novo *status*. Liminaridade tem a ver com ser nem um nem outro, um tempo em que normas sociais são suspensas ou invertidas. Durante a *hajj*, isso fica mais claramente evidente no modo que o nivelamento social ocorre durante a ritualização. Da vestimenta uniforme ao fato de que todos os peregrinos passam pelas mesmas práticas rituais do mesmo modo, todas as distinções mundanas se dissolvem e todos, independentemente de posição social, são marcados como iguais durante o tempo ritual. Finalmente, participantes rituais são incorporados de volta à vida social normal, com seu *status* modificado. Muitos peregrinos muçulmanos retiram sua vestimenta ritual, muitos raspam suas cabeças como um sinal visível de transformação, e voltam às suas casas ao redor do mundo religiosamente diferentes por terem completado a jornada. (Para uma boa descrição dessa mudança de *status* em uma aldeia turca central, cf. DELANEY (1990: 520).)

Van Gennep e os Turner enfatizaram a liminaridade como o estágio mais crucial do processo ritual. Os Turner argumentaram que a peregrinação cristã era um análogo pós-industrial ("liminoide"), porque é voluntário e não construído em alguma estrutura social como requisito. Os Turner usavam o termo *communitas* (latim para "comunidade") para descrever a condição ritual atingida durante a fase liminal. *Communitas* é definida pela conexão intensa e íntima entre os participantes rituais; "uma qualidade relacional de comunicação, de comunhão inclusive, imediata completa" (TURNER & TURNER, 1978: 250). Ela captura tanto "um lugar e momento 'no e fora do tempo'" (197). Rito de passagem, mudança no *status*, experiência de *communitas*: essa é nossa primeira ótica antropológica para explicar a peregrinação.

Contestação

A segunda abordagem faz um giro acentuado, afastando-se de uma leitura funcionalista da coesão social e da unidade experiencial enfatizada pela *communitas*. Essa abordagem, que podemos chamar "contestação" (COLEMAN, 2002a), é articulada claramente por um volume editado, *Contesting the sacred: the anthropology of Christian pilgrimage* (Contestando o sagrado: a antropologia da peregrinação cristã) (EADE & SALLNOW, 1991). A abordagem da contestação destaca dois argumentos. Primeiro, locais de peregrinação são espaços sociais onde divergentes grupos, identidades e afirmações sobre a verdadeira natureza do local entram em contato – muitas vezes contenciosamente. Conflito e diversidade, em vez de harmonia da *communitas*, prevalecem. Segundo, os peregrinos não são os únicos atores sociais envolvidos na peregrinação. Há também residentes locais, outros viajantes, empresários e cuidadores do local para se levar em conta. As relações que se formam entre esses diferentes atores, novamente, muitas vezes contenciosas, também moldam os rituais de peregrinação. Considere um exemplo etnográfico de Jerusalém.

Glenn Bowman (1991) mostra três grupos cristãos – os ortodoxos gregos (do Chipre), os católicos (da Inglaterra e da Irlanda) e os protestantes evangélicos (dos Estados Unidos, África do Sul, Grã-Bretanha e Países Baixos) – que interagem diferentemente com Jerusalém e seus locais. Diferente da *hajj* islâmica, a peregrinação cristã não é obrigatória e não tem um itinerário prescrito. Bowman argumenta que esse espaço para variação significa que diferentes tradições cristãs favorecerão e negligenciarão diferentes práticas de peregrinação, refletindo como o cristianismo tem diferenças intrarreligiosas.

Como a materialidade desempenha um papel importante para os cristãos ortodoxos orientais, os peregrinos fazem coisas como "correr para dentro das igrejas e se mover pelos interiores beijando todos os ícones" (BOWMAN, 1991: 110). E, dada a centralidade do calendário litúrgico, o ápice experiencial e teológico para os peregrinos ortodoxos é estarem "presentes em Jerusalém durante as festividades sagradas" (111).

A peregrinação católica é "muito mais individuada", focada na "revitalização pessoal das energias espirituais", não em "uma celebração cosmológica da comunidade da humanidade em Cristo" (113). Cristãos católicos e ortodoxos também divergem em como se envolvem nos locais de fato. Católicos distinguem "entre a importância dos eventos bíblicos que se considera terem ocorrido nos locais e nos próprios lugares" (114). O foco muda de um espaço físico para uma narrativa sobre um lugar, tornando, assim, o ato de estar em um local específico desnecessário para realizar a experiência espiritual desejada. Os cristãos ortodoxos devem estar em locais exatos, embora para os católicos baste apenas estar na cidade antiga de Jerusalém.

Protestantes evangélicos executam ainda uma terceira versão da peregrinação à Terra Sagrada. Para iniciantes, o "desejo evangélico de ter uma relação não mediada com a Bíblia" (116) cria um desinteresse relativo pelas igrejas ortodoxa e católica, que representam "dominação institucional em vez da verdade que essa instituição usurpou e distorceu" (ibid.). Peregrinos evangélicos tendem muito mais a buscar pela Tumba do Jardim (pouco além das paredes da cidade antiga) em vez de pela Igreja do Santo Sepulcro, e tendem mais a ter experiências profundamente espirituais no Jardim do Getsêmani.

Embora todos os três grupos cristãos vão a Jerusalém de modo que possam estar "envolvidos no projeto redentor divino" (119), eles o fazem de modo muito diferente por meio de suas respectivas peregrinações. Em vez de "*uma* cidade sagrada", Bowman nos encoraja a ver "uma *multidão* de cidades sagradas... construídas sobre o mesmo lugar, operando no mesmo momento e disputando a hegemonia" (98). Há muitas Jerusaléns, não uma. (Com certeza, isso se agrava mais quando lembramos que Jerusalém é também uma cidade de espaços sagrados para judeus, muçulmanos e historiadores seculares!)

Jornadas em interseção

Nossa terceira abordagem à peregrinação se volta, uma vez mais, ao que chamamos "jornadas em interseção" (COLEMAN, 2002a; BADONE & ROSEMAN, 2004). *Communitas* e contestação focam a peregrinação como ritual religioso, composto de intenções, práticas e experiências significativas. A abordagem das jornadas em interseção mantém um interesse na ritualização, mas amplia o escopo etnográfico para conceber a peregrinação como uma versão de um tipo mais amplo: a viagem sagrada. Nessa abordagem, outras formas de mobilidade moderna têm a ver também com a produção do sagrado; por exemplo, o turismo cultural e histórico no qual os viajantes buscam raízes pessoais, familiares e culturais (EBRON, 2000). Lembrem-se da discussão do capítulo 1 sobre "'religião' além das religiões", e os aspectos religiosos do aparentemente não religioso. Estruturalmente, a peregrinação "se sobrepõe ao turismo, comércio, migração, expressões de nacionalismo, criações de diásporas, [e] comunidades imaginárias" (COLEMAN, 2002a: 363). Por sua vez, uma antropologia robusta de peregrinação deveria dar conta dessa convergência com outras formas de viagem sagrada. Considere um exemplo etnográfico de Quioto, Japão.

Nelson Graburn (2004) analisou um conflito de três anos entre a cidade de Quioto e a Associação Budista local. Quioto atrai dezenas de milhões de visitantes a cada ano. Uma razão importante para as pessoas viajarem para lá é para ver os 1.700 templos budistas da cidade e 270 santuários xintoístas. Funcionários da cidade e a Associação Budista discordavam quanto a se deveria haver um imposto exigido sobre a renda recolhido das taxas de entrada em templos e santuários. A cidade viu uma oportunidade para custear a manutenção e restauração de seus prédios históricos sem prejudicar o orçamento operacional. A Associação Budista, representando 1.100 dos templos, afirmava que as instituições servindo devotos não deveriam ser sujeitas a esse imposto. Os viajantes aos templos e santuários da cidade eram turistas ou peregrinos? Nesse conflito de Quioto, os interesses econômicos sobre essa questão eram muito importantes.

Graburn desfaz esse nó de discordância fazendo algumas observações etnográficas. Primeiro, o pluralismo religioso japonês não é um caso ou/ou no qual as pessoas se vinculam seja ao budismo ou ao xintoísmo. Em vez disso, ambos são praticados em contextos diários. Dos cerca de 130 milhões de japoneses, quase todos são xintoístas e muitos são também budistas. Como resultado, é muito difícil separar discretamente peregrinos budistas de xintoístas. Segundo, a língua japonesa distingue entre múltiplas formas de viagem: *ryoko* (qualquer tipo de jornada), *tabi* (uma jornada com propósito), *kanko/kentbutsu* (passeio turístico), *henro/junrei* (uma jornada com conotação especificamente religiosa) e *mairi* (visita a um local religioso, mas não necessariamente por um propósito religioso) (GRABURN, 2004: 132). Em suma, o estágio linguístico está pronto para a cidade e a Associação Budista se confrontarem sobre que tipo de viajante está lá para visitar templos e santuários. Terceiro, toda peregrinação japonesa inclui características do turismo moderno, e o turismo japonês "é raramente desprovido de práticas 'religiosas'" (132). Isso significa que é contrário à cultura local separar estritamente turistas de peregrinos.

O estudo de caso de Graburn é instrutivo porque destaca a necessidade de sermos completamente etnográficos em nossa compreensão do turismo e da peregrinação como jornadas em interseção. Afirmações sobre ser turista *ou* peregrino, sobre servir turistas *ou* peregrinos e sobre a necessidade de separar turistas *de* peregrinos têm interesses consequentes e interesses diferentes dependendo de quem vocês são nesse quebra-cabeças cultural. Além disso, Graburn nos adverte para ficarmos atentos contra o etnocentrismo, sobre usar categorias (e. g., *communitas*) derivadas somente do estudo da peregrinação cristã para entender a peregrinação xintoísta-budista.

Box 4.1 Explicando a peregrinação

A peregrinação oferece uma via fascinante para os mundos religiosos que as pessoas habitam, particularmente, porque enfatiza a orientação tanto espacial quanto temporal. Nesta seção, discutimos três estruturas antropológicas para explicar a peregrinação: *communitas*, contestação e jornadas em interseção. Usem essas abordagens para analisar outro estudo de caso.

Diaba blanca (2012; 60min) é um documentário sobre jovens japoneses que viajam ao México para participar da peregrinação anual dos índios huichol. Vocês podem assistir ao documentário aqui: www.youtube.com/watch?v=GeYAEXqaPQg (Se não estiverem familiarizados com os huichol, podem assistir uma introdução de 30 minutos sobre sua peregrinação aqui: www.youtube.com/watch?v=bLz5yj3rAl0). Vocês mesmos, ou com colegas de classe, podem considerar algumas questões:

• Quão adequadamente cada estrutura explica as jornadas dos jovens japoneses e os huichol? Há formas pelas quais essas estruturas se complementam ou competem entre si?

• Que papel os modelos de temporalidade desempenham nessas jornadas? Como essas jornadas envolvem um senso de lugar? E o que aprendemos sobre a construção de mundo religiosa dada a natureza intercultural desse encontro?

• Leiam, em paralelo, os outros exemplos nesta seção. Vocês argumentariam que a peregrinação é uma categoria universalmente aplicável? Ou as diferenças culturais excedem o que uma única categoria pode tratar (i. e., chamá-los "peregrinação" não nos beneficia)? Por quê/por que não?

(Vocês podem retornar a este box após a leitura do capítulo 6, que descreve algumas ferramentas antropológicas para estudar a globalização e o transnacionalismo religioso.)

Comunidades de memória

Lembrar é um ato completamente religioso de construção de mundo. Pode ser um modo de definir o passado (temporalidade) e fortalecer vínculos com o espaço (senso de espaço). A memória é afetivamente poderosa e uma galvanizadora de força para ação social. A peregrinação é uma expressão disso. Peregrinos muçulmanos e cristãos lembram seus profetas fundadores ao visitarem locais de nascimento e revelação. Nesta seção, exploramos quatro estudos de caso etnográficos. Enquanto vocês leem, perguntem o que cada exemplo sugere sobre o papel da memória coletiva em criar e manter mundos religiosos.

Xamãs garifuna em Honduras e na cidade de Nova York

Nosso primeiro exemplo nos leva de volta para um contexto etnográfico introduzido no capítulo 3: a pesquisa de Paul Johnson com os xamãs garifuna na região rural de Honduras e na cidade de Nova York (2007). No capítulo 3, examinamos a materialidade dos altares de cura dos xamãs. Aqui, consideramos o papel do lugar e tempo na memória coletiva garifuna. A descrição teórica de Paden dos mundos religiosos como "comunidades de memória" ressoa estreitamente com a caracterização etnográfica de Johnson: "Os xamãs são... guardiões da memória" (2007: 104) que "vinculam a memória à autoridade transcendente, inescrutável, dos ancestrais e, portanto, exercem extraordinária influência" (105). Contudo, a memória coletiva opera diferentemente no país natal Honduras e na diáspora migrante da cidade de Nova York.

Em Honduras, o trabalho espiritual dos xamãs é dirigido à ilha caribenha de St. Vincent. É lá onde os garifuna foram colocados pela marinha britânica em 1797, e é lembrado em Honduras como a pátria ancestral e o lugar do qual os ancestrais retornam para possuir os xamãs. Os altares hondurenhos refletem esse vínculo com St. Vincent, que apresentam redes que "lembram a era de outro de St. Vincent antes da deportação assim como a própria jornada" (113). A memória também se tornou um recurso para manter a religião xamânica tradicional em meio à crescente presença de evangelistas cristãos. Os missionários enfatizam a conversão e, portanto, uma ruptura com o passado ancestral, "evoca[ndo] consistentemente passagens bíblicas para justificar olhar para a frente em vez de olhar para o passado" (119). Por sua vez, os xamãs reverenciam o passado ao dar autoridade última aos espíritos ancestrais. A integração de tempo e lugar é também evidente nesse encontro missionário: "Como os *cristianos* [protestantes] concebem o futuro como um tempo e um processo envolvendo a transformação física da aldeia, sua guerra contra os tradicionalistas é também uma guerra contra o espaço" (121).

Os xamãs na cidade de Nova York expandem a cosmologia garifuna tradicional ao incluírem a diáspora africana ao exterior. Eles continuam a ver Honduras como um lar espiritual poderoso, mas também se concebem como "parte de uma família religiosa específica que inclui santeria, palo monte, vodu, candomblé e espiritismo" (125). Quando os xamãs da diáspora narram sua identidade, enfatizam uma nova consciência obtida com a vida na cidade de Nova York. Eles estão agora despertos para suas raízes africanas, o que "tem o efeito geral de dar valor a uma genealogia africana que foi esquecida, negligenciada ou suprimida, e efeitos específicos sobre o modo de os símbolos dados serem vistos" (133). Uma vez mais, isso é evidente através da materialidade da vida religiosa. Os xamãs de Nova York usam ervas e joias rituais (colares e braceletes) que incorporam abertamente o panteão ioruba e vários espíritos afro-caribenhos. Os altares são "repletos de objetos familiares aos estudantes das religiões de influência africana nas Américas" (136), incluindo os instrumentos efetivos do vodu, como tesouras para "cortar e inverter um conjunto particular de circunstâncias difíceis" (138). Em contraste, espíritos de origem africana nunca foram parte da prática religiosa dos xamãs da terra natal.

Por fim, diferenças na memória religiosa foram um modo de Johnson distinguir entre religião da terra natal e diaspórica. Os xamãs hondurenhos cultivavam uma lembrança de St. Vincent, enquanto os xamãs da diáspora olhavam para a África assim como para a América Central. A etnografia de Johnson ilustra muito bem como temporalidade e senso de lugar são mutuamente informados.

Cristianismo no sul dos Estados Unidos

O acoplamento justo de memória religiosa e senso de lugar é também um tema na etnografia do cristianismo do sul dos Estados Unidos. Considere dois exemplos. Sascha Goluboff (2011) escreve sobre o caráter profundamente emocional dos vínculos com o lar entre os afro-americanos rurais no Vale Shenandoah, na Virgínia. Bradd Shore (2008) escreve sobre narrativas de família e renovação espiritual em um encontro do acampamento anual a 40 milhas ao leste de Atlanta, na Geórgia.

A etnografia de Goluboff detalha uma pequena igreja metodista afro-americana (c. 30 membros), fundada em 1869, cujos membros são descendentes diretos de escravos locais. Vivendo um uma cidade de maioria branca, "igreja domiciliar" e "lugar familiar" têm uma valência peculiar devido aos legados racistas de escravidão, Jim Crow e discriminação pós-direitos civis. Para esses residentes, lar é o lugar tanto de servidão quanto de liberdade. Por sua vez, seu vínculo com o espaço produz "emoções contraditórias de amor, medo e lealdade" (372). O argumento principal de Goluboff é que esse sentido de lar "influencia as jornadas de fé de congregantes individuais dentro dos repertórios emocionas da família" (375). Ela ilustra isso por meio de narrativas da socialização ritual inicial dentro da linha feminina: "por meio do culto, prece, canto e estudo bíblico, mães, tias e avós construíram a fundação da fé da geração mais jovem" (379). Ela também registra narrativas de retorno ao lar, nas quais adultas retornam ao lugar de sua juventude para serem "cuidadoras de outras, como suas parentes haviam feito, e, como tal, necessitaram da orientação de Jesus por meio da prece e da amizade da Igreja para ajudá-las a superar" (382).

A etnografia de Shore nos leva a um encontro de acampamento organizado por metodistas. O lugar tem mais de 100 acres com prédios antigos, alguns de 1840. Famílias retornam ao acampamento por uma semana a cada verão para compartilhar tempo familiar dedicado e culto religioso. Seu principal argumento é que essa experiência de retiro ritual combina "renovação espiritual e renovação familiar", principalmente por meio de "intenso trabalho de memória" (2008: 101). A agenda diária do acampamento é "um dia relativamente relaxado de tempo familiar nas varandas pontuado por aulas de Bíblia e cultos" (106). Os acampados fundam essa agenda em uma nostalgia coletiva por um passado imaginado, que também serve como uma crítica ao presente: "Essa [simplicidade] contrasta marcadamente com as tendências temporais da vida moderna que mostram 'falta de tempo', agendas fragmentadas e necessidades consideráveis de multitarefas" (ibid.). Shore coletou narrativas de indivíduos sobre retornar ao acampamento ano após ano. Em suas histórias, os participantes recordam de uma série de memórias multissensoriais. Por exemplo, eles recordam da onipresença aparente de serragem nas barracas e nos pisos dos santuários. Memória e materialidade se fundem: alguns participantes enviam serragem por carta para quem não pode participar em um verão e outros pedem para que misturem serragem com suas cinzas funerárias (109).

Apache mescaleiro

Para um exemplo final de como a memória coletiva alimenta a construção de mundo indígena, podemos nos voltar a um tema clássico em antropologia: as histórias da criação indígenas. Por vezes chamadas "narrativas básicas" ou "mitos originais", etnógrafos em cada geração ouviram, gravaram, traduziram e coletaram descrições indígenas de como o mundo começou, de onde vêm as pessoas, sobre a natureza da vida e a organização do cosmos. Certamente, deveríamos lembrar que mesmo que essas narrativas possam ser coletadas, não são objetos de museus. São uma parte em curso da vida social, um recurso que povos indígenas usam para costurar o passado ao presente e ao futuro. Considerem um exemplo da América do Norte nativa.

Thunder rides a black horse (Trovão cavalga um cavalo preto) (1994), de Claire Farrer, é uma etnografia situada na reserva apache mescalero no centro-sul do Novo México. Farrer foca a cerimônia da puberdade de quatro dias, quatro noites; um rito de passagem que ocorre a cada verão no qual meninas se tornam mulheres. A preparação da cerimônia requer meses e muita energia, e é o ponto focal da comunidade enquanto está ocorrendo. É extenuante para as meninas cerimoniais. Nos dias um e quatro elas são "envolvidas em rituais intensivos ao longo da manhã e da noite" (FARRER, 1994: 55), principalmente dançando. A estrutura da cerimônia narra o mito da criação mescalero, que explica que o mundo foi feito em quatro dias. As meninas cerimoniais assumem, ritualmente, o papel da Mulher Pintada de Branco, a primeira mulher mencionada na história da criação, e ao fazerem isso essas meninas passam ao papel de mulheres adultas.

O argumento central de Farrer é que o mundo mescalero é sustentado por um senso de "presente mítico", no qual "o Há Muito Tempo e o Agora estão presentes unidos no pensamento, canção, narrativa, vida diária e certamente na vida religiosa e ritual" (2). A cerimônia da chegada da vida adulta exemplifica isso porque vincula cada nova geração de meninas mescalero à narrativa-base mescalero. Como um ritual de rememoração, a cerimônia da puberdade das meninas recria a cosmologia mescalero, reafirma a ordem social e os vínculos tribais à terra.

(Vocês podem ler uma versão da história da criação mescalero online, curada pela University of Virginia. Essa atuação foi coletada e publicada em 1938: http://xtf.lib.virginia.edu/xtf/view?docId=Apache/uvaGenText/tei/Mes05.xml&chunk. id=MN5&toc.id=MN5&brand=default)

Box 4.2 Comunidades de expectativa

Como a memória, antecipação e expectativa são expressões da temporalidade. E, assim como são comunidades de memória, mundos religiosos também podem ser organizados em torno do futuro. Poucos o fazem mais vividamente, ou com muito poder político e econômico, do que os cristãos evangélicos comprometidos com uma teologia apocalíptica do Fim dos Tempos e com o retorno messiânico. Considerem a série de livros *Left behind* (Deixados para trás) uma narrativa ficcional do Livro do Apocalipse. Os 16 volumes publicados entre 1995 e 2007 venderam mais de 60 milhões de cópias em ao menos 37 países e 33 línguas. É a série mais lucrativa na história impressa evangélica! (MONAHAN, 2008).

Esse espírito apocalíptico foi bem documentado por Susan Harding em sua etnografia histórica *The book of Jerry Falwell* (O livro de Jerry Falwell) (2000). Harding demonstra como essa teologia não somente sobre crença, mas uma força motivadora e interpretativa potente nas vidas dos fiéis. Ela dá dois exemplos proeminentes. Como o estabelecimento da nação de Israel e a reconstrução do templo judaicos são precondições necessárias para a Segunda Vinda, os adeptos se juntam aos sionistas israelenses na rejeição de qualquer pretensão palestina à terra. Isso tem consequências políticas diretas. Fundamentalistas elegem representantes congressionais e presidentes americanos que formulam e decretam vários tipos de política pró-Israel. Harding também descreve como "o apocalipsismo [é]... um modo narrativo específico de ler a história; os cristãos para os quais a profecia bíblica é verdadeira não habitam o mesmo país que os não cristãos" (2000: 232). Fundamentalistas reúnem estratégias interpretativas para discernir que eventos são sinais do Fim dos Tempos, e usam essas estratégias em seu consumo da mídia de notícias, avaliação da cultura popular e reações a acontecimentos pequenos e grandes em sua pátria e no exterior.

Embora o trabalho de campo de Harding tenha sido concluído na década de 1990, o apocalipsismo cristão continua a produzir instituições voltadas ao Fim dos Tempos. Vocês mesmos, ou com a ajuda de colegas de classe, podem analisar um exemplo assim: "Off the Grid News". Essa organização se descreve como "um boletim de notícias semanal por e-mail e website, fortemente independente, que é carregado de informações práticas sobre viver e sobreviver hoje e nos tempos futuros quando a vida talvez não seja tão fácil". Seu nome deriva de um desejo de se separar das mercadorias e infraestruturas convencionais (e. g., alimento e energia), a fim de se preparar para quando esses recursos falharem e/ou forem depletados. Off the Grid News é propriedade e administrado por cristãos evangélicos que exemplificam o "modo narrativo específico de ler a história" de Harding. Vocês podem começar com o primeiro link abaixo, depois irem para outras histórias no site. Comecem lendo cinco textos (vocês podem querer coletar mais depois), e então abordem as questões abaixo:

- www.offthegridnews.com/2013/10/10/bachmann-were-living-in-the-worlds-last-days/
- Que modelo de temporalidade está sendo promovido pelos integrantes do Off the Grid News? Que relação eles cultivam com o passado, o presente e o futuro?
- Que senso de espaço é produzido como parte dessa temporalidade Off the Grid?
- Como a Off the Grid ilustra o vínculo estreito entre crenças e práticas diárias?

Lugares disputados

Vínculos a lugares desempenham, claramente, um papel crucial na construção de mundo. Comunidades religiosas promovem relações história e profundamente afetivas com a pátria, locais particulares, prédios construídos e entidades políticas como cidades. Um tema que ainda temos de considerar atentamente é que essas relações podem emergir em meio a intenso conflito social, político e religioso. Diferentes tempos e lugares têm uma fisicalidade inegável. Devido a isso, muitos lugares experienciam pretensões concorrentes de pertencimento e propriedade. Lugares religiosos não são exceção e podem exemplificar a dinâmica de inclusão e exclusão. Já vislumbramos isso brevemente em alguns exemplos: os múltiplos residentes e visitantes de Jerusalém, o confronto entre missionários protestantes e os xamãs garifuna e a discordância entre funcionários da cidade japonesa e monges budistas. Nesta seção, detalhamos mais a dinâmica contestada dos lugares religiosos em quatro contextos etnográficos. Enquanto vocês leem cada um, tenham em mente algumas questões: Quem tem interesse no que, nas disputas sobre lugares religiosos? O que aprendemos sobre identidade religiosa e construção de mundo com as disputas sobre lugares? E como os lugares religiosos são envolvidos em projetos mais amplos de contestação?

Nosso primeiro estudo de caso sobre os budistas tibetanos na China vem da etnografia de Charlene Makley, *The violence of liberation* (A violência da libertação) (2007). O estudo de caso de Makley nos leva à Labrang na China Central (sudoeste da Província de Gansu), que é o lar de um dos grandes monastérios budistas tibetanos, construído em 1709. Os tibetanos vivem lá em meio ao amplo conflito entre o Estado chinês e a região ocidental do Tibete. O Tibete declarou sua independência em 1913, mas foi reanexado a força pelo Estado chinês em 1950. Os efeitos desse conflito, junto à Guerra Civil chinesa, impactaram Labrang quando o exército comunista chinês ocupou a cidade em 1949. Budistas tibetanos foram atacados como estrangeiros: construções monásticas foram incendiadas, estátuas budistas arrastadas pelas ruas e monges celibatários forçados a se casar.

O Estado chinês continuou a invadir o espaço sagrado budista construindo uma grande autoestrada diretamente pelas terras monásticas, dividindo o complexo sagrado e abrindo-o para vários viajantes seculares. Na década de 1980, reformas pós-maoistas foram implementadas, facilitando a pressão sobre a presença étnica e religiosa dos tibetanos. Labrang permaneceu um local sagrado poderoso para tibetanos e foi reaberto em 1981 como uma universidade que treina monges aspirantes. A combinação de transporte pela autoestrada direta, liberalização econômica e vida monástica ativa produziu um aumento de interesse turístico em Labrang, que depois produziu um mercado de negócios visando a lucrar com o fluxo turístico.

Esse é o contexto para a pesquisa de Makley, que explora a dinâmica de gênero da renovação budista tibetana. Em um exemplo, ela foca o ritual de circum--ambulação (no qual os adeptos fazem caminhadas devocionais em torno do monastério Labrang). Budistas clericais e laicos executam o rito para ganhar mérito cármico. (Muitos aderem a uma "circum-ambulação padrão" (MAKLEY, 2007: 164) de 10.000 circuitos, cujas caminhadas de várias horas diárias levam vários anos para serem completadas.) Números cada vez maiores de residentes monásticos e peregrinos fizeram desse ritual uma parte surpreendentemente visível da vida diária de Labrang. O número de turistas seculares está também aumentando, alguns buscando Labrang como um destino e outros passando pela autoestrada estatal. O resultado é tenso, onde uma minoria étnica e religiosa faz o papel de hospedeira a um fluxo contínuo de invasores.

Nosso segundo caso nos leva de volta para a famosamente contestada Terra Sagrada e ao trabalho etnográfico de Glenn Bowman (1993). A copresença de judeus, cristãos e muçulmanos em Jerusalém e suas áreas circundantes produz muitas situações potentes. Bowman detalha um exemplo assim: um monastério ortodoxo grego "praticamente inoperante" (1993: 434) na Cisjordânia, na estrada entre Jerusalém e Belém, do outro lado da fronteira israelense. Em meio ao contexto sempre volátil da Israel-Palestina, visitantes cristãos e muçulmanos para esse local conseguem uma coexistência incômoda.

O sexto monastério do século é considerado (principalmente por cristãos) ter sido construído no local onde o Profeta Elias do Antigo Testamento descansou após fugir da perseguição de Jezebel, descrito em 1Rs 19. A cada julho, durante a semana da Festa de São Elias, peregrinos ortodoxos vinham ao santuário. Seu ato ritual principal é "colocar uma corrente presa à parede da igreja em torno dos seus pescoços, beijam-na três vezes e avançam" (434). A corrente foi descoberta em uma caverna abaixo do monastério, e embora algumas "pessoas locais veem a corrente como a que havia acorrentado o santo", outras acreditam "que haviam acorrentado cristãos durante as perseguições muçulmanas" (ibid.). Muçulmanos locais veem diferente. Eles acreditam que a corrente tenha poder de cura (sua linhagem desconhecida e principalmente desimportante), e também a buscam a fim de curar "males, má sorte, imoralidade e inclusive mau-olhado" (435). Como a igreja abre para a festa ortodoxa, esse é um momento perfeito para usar a corrente que cura. Que esse seja um dia especial no calendário ortodoxo é sem importância para os visitantes muçulmanos. Além disso, existem muitos palestinos, cristãos e muçulmanos locais que usam as reuniões no local para propósitos sociais (e. g., para comer com amigos ou passar um dia com a família).

Bowman argumenta que essa confluência de propósitos e identidades funciona devido às diferenças serem principalmente suprimidas.

> Cada indivíduo era capaz de atribuir ao lugar e à reunião significados pessoais para si, e, mesmo assim, como o tempo e o lugar serviam como um lugar de inscrição para tantos significados e motivos diversos, a festa constituía uma comunidade. As pessoas reconheciam essa comunidade ao mesmo tempo que reconheciam a multiplexidade de seu caráter; era, em um sentido muito real, uma concentração da comunidade que moviam ao longo do dia a dia, mas em uma forma mais diluída. As únicas pessoas excluídas dessa comunidade percebida eram aquelas que tornassem rigorosos os critérios de participação (438).

As únicas pessoas que se encaixam nessa última descrição eram os clérigos ortodoxos encarregados da festa e os nacionalistas palestinos que viam o ritual religioso como secundário à presença política. Uma lição desse exemplo é que lugares disputados nem sempre são necessariamente lugares contenciosos.

Certamente, dada a mistura correta, contestação e controvérsia podem se combinar muito violentamente. Um exemplo assim vem da antropóloga Radhika Subramaniam (1999) e de sua pesquisa sobre a violência hindu-muçulmana na Índia. Sua análise descreve uma série de conflitos que ocorreram no começo da década de 1990 e como são lembrados. Em 6 de dezembro de 1992, uma barricada policial foi rompida e uma mesquita destruída no nordeste da Índia. Todos os envolvidos eram hindutva: adeptos de um movimento fundamentalista nacionalista que declara a Índia como um Estado apenas hindu e tem uma longa história de demonização dos muçulmanos como invasores. Eles destruíram o local islâmico a fim de construir um templo para culto, afirmando que a mesquita foi construída sobre o local sagrado de nascimento de Rama (um avatar altamente reverenciado do deus hindu Vixnu). No dia seguinte, em Bombaim, cerca de 1.000 milhas ao sudoeste, revoltas nas ruas irromperam entre hindus e muçulmanos e duraram vários dias. Pouco mais de um ano depois, uma segunda série de revoltas irrompeu em Bombaim com nacionalistas hindus atacando cidadãos muçulmanos.

Subramaniam conduziu um trabalho de campo em Bombaim vários anos depois. Ela coletou narrativas do que havia acontecido durante aqueles três momentos de revolta. Ela descobriu várias explicações (algumas políticas, algumas econômicas, algumas orientadas para a casta), mas muitas conectavam as revoltas à destruição da mesquita no norte. Subramaniam argumenta que essa tensão sempre presente entre hindus fundamentalistas e muçulmanos indianos produz uma "cultura de desconfiança", que é "uma fina rede interpretativa que prende a observação errante, o fragmento de uma história, o cheiro perturbador ou os sons usuais" (1999: 101).

Ao longo das narrativas que coleta, nenhuma memória parece ser capaz de escapar ou de se separar dessa cultura de desconfiança. Por exemplo, mesmo hindus não fundamentalistas reproduziam os antagonismos dos hindutva ao vincularem as rebeliões aos usos espacial e auricular dos ambientes públicos (procissões de rua e chamados diários para prece). Essa cultura de desconfiança também envolvia "a constante marcação da diferença de formas pequenas, mas significativamente visíveis" (106). Em um exemplo, um consultante muçulmano explicou a Subramaniam que, como resultado das revoltas, ele parara de comercializar seu jornal na língua urdu normal em favor de um jornal na língua hindi ou marathi. Como em muitos contextos multilíngues, o jornal que se lê marca a identidade, o pertencimento e o *status* social dessa pessoa. Na Índia, somente muçulmanos leem o jornal urdu.

Em suma, a violência religiosa que emergiu de um conflito em curso sobre pertencimento espacial e nacional cria uma disposição geral inevitável que cerca os encontros diários. Esse exemplo também nos mostra como a memória coletiva pode unir lugares disputados se houver um contexto compartilhado de disputa política e territorial, mesmo quando são separados por quase 1.000 milhas. (Observem o paralelo aqui com o "modo narrativo de ler a história" (HARDING, 2000: 232) entre os cristãos fundamentalistas. Ambos podem e de fato moldam qualquer evento cotidiano a um esquema interpretativo particular.)

Em nossos primeiros três exemplos, lugares são disputados entre religião e o Estado e entre diferentes tradições religiosas. Disputas sobre lugar podem também ocorrer dentro da mesma tradição religiosa. Isso é demonstrado em nosso exemplo final: o conflito político-étnico-religioso da Irlanda do Norte. Desde que foi estabelecida como uma província do Reino Unido em 1921, a Irlanda do Norte tem sido o local de descontentamento político. Certas facções desejam um Estado-nação soberano e independente, separado da Escócia, Inglaterra e País de Gales, enquanto outros querem permanecer parte do Reino Unido. O descontentamento começou no final da década de 1960 e desde então escalou. Um período conhecido como "Os problemas" (*The Troubles*) durou por três décadas, com mais de 3.000 mortos. Sucessivos acordos de paz em 1998 e 2006 detiveram a guerra civil, mas o separatismo e a violência esporádica persistiram. O conflito é organizado por uma divisão entre dois grupos: uma pequena maioria de unionistas britânicos e uma grande minoria que deseja se retirar do Reino Unido e formar uma Irlanda unida. Os lealistas britânicos (liderados por um grupo fraternal, A Ordem Laranja) são protestantes profundamente comprometidos e os republicanos irlandeses são católicos romanos.

Por quase uma década, Liam Murphy (2009) conduziu um trabalho etnográfico na Irlanda do Norte, focando essas reivindicações concorrentes e em interseção de identidade nacional e cristã. Um caso já complicado, Murphy introduz outro problema: o aumento recente de cristãos carismáticos que promovem uma Irlanda do Norte unificada fundada em um cristianismo compartilhado (tanto católico como protestante). A comunidade carismática é política e denominacionalmente diversa, um fato surpreendente porque a divisão protestantes-católicos é severa e a segregação social resulta da identidade política. Uma descoberta-chave da etnografia de Murphy é que os Protestantes Laranja e os carismáticos usam as Escrituras de um modo diferente nos espaços públicos.

Murphy observa que "procissão é uma prática cultural secular na Irlanda que é usada basicamente, embora não exclusivamente, por organizações protestantes fraternais" (2009: 25). A Ordem Laranja usa essa instituição social para questionar simbólica e fisicamente a legitimidade dos republicanos católicos. A cada julho, ao menos durante a década de 1990, membros Laranja e apoiadores fizeram procissão "ao longo de um distrito residencial exclusivamente católico" (13). E, a cada ano, barricadas policiais tentavam separar os participantes Laranja da procissão dos protestantes católicos: alguns anos o encontro foi limitado a gritar, outros anos a violência se espalhou. Nessas procissões, os participantes Laranja carregam "objetos e adornos cheios de símbolos" (14) repletos de referências ao Antigo Testamento de serem o povo escolhido por Deus que está sob ameaça dos inimigos de Deus. Os "motivos cristãos que aparecem em associação com essas procissões incluem murais, cartazes seguros pelas mãos e ocasionalmente representações mais diretas da unidade entre a Ulster protestante e Israel" (14).

Carismáticos irlandeses do norte também "representam a identidade em e por meio de atos do movimento que envolve caminhar ou fazer procissão ao longo de lugares disputados" (25). Eles se apoiam muito na linguagem e símbolos bíblicos.

Mas seu foco escritural muda de temas de cura do Antigo para o Novo Testamento. As curas espiritual e física são pilares do cristianismo carismático, e no contexto irlandês do norte é uma cura tanto dos indivíduos quanto da nação. Carismáticos exortam lealistas e republicanos por "terem desconsiderado um claro chamado apostólico para a espiritualidade em favor do sectarismo, irreligiosidade e orgulho ilegítimo em suas próprias instituições às custas da vontade de Deus de que se aproximassem" (19). Eles enfatizam que católicos e protestantes compartilham uma herança religiosa comum que deveria ser elevada acima do fervor nacionalista.

> Essa asserção de um passado comum pode parecer autoevidente, até que alguém recorde que para os lealistas e republicanos a história não é lida como uma unidade, mas a partir de pontos de vista acentuadamente diferentes: [lealistas] veem os seus como a Verdadeira Fé ameaçada por aqueles que imporiam a tirania papal e a opressão política, [republicanos] veem seu passado como uma amarga expropriação de direitos e discriminação por parte da autoridade colonial (22).

Aqui, os carismáticos usam a temporalidade para formular sua pretensão aos espaços públicos contestados da Irlanda.

Box 4.3 Espaço sagrado a 3.500 metros

Os Picos de São Francisco são uma cadeia de montanhas no norte do Arizona, próximo à cidade de Flagstaff. Em 1938, o Serviço Florestal americano concordou em deixar o Estado do Arizona desenvolver uma estação de esqui nas encostas do pico, o Pico Humphreys. O Arizona Snowbowl é um dos destinos turísticos mais populares do estado. Contudo, o Snowbowl é também um ponto de disputa com os índios navajos, para quem os picos de São Francisco são uma das quatro montanhas sagradas (*Dook'o oo'sliid*) descritas na história da criação navajo. Os picos são considerados um ente vivo, danificado pelas intrusões humanas, e lar de medicamentos de cura e deidades da cosmologia navajo (DUNSTAN, 2010). (Vocês podem ler uma versão da história da criação navajo aqui: www-bcf.usc. edu/~lapahie/Creation.html)

Como os picos estão situados a cerca de 48km além da fronteira da reserva da Nação Navajo contemporânea (estabelecida em 1868 e 1934), os navajos devem fazer seus protestos legais com base em que sua liberdade religiosa está sendo infringida. Eles tentaram isso em 1979, quando o Snowbowl anunciou um plano para expandir a estação. A tribo perdeu o caso na corte (*Wilson v. Block 1983*). Eles protestaram em 2002 sob a Lei de Liberdade Religiosa Indígena após outro conjunto de planos de expansão terem sido anunciados. Essa expansão incluía uma proposta de produzir neve artificial usando "água reciclada" (i. e., água de esgoto tratada). A despeito de uma vitória inicial na corte, a tribo perdeu o caso novamente (*Navajo Nation v. U.S. Forest Service 2008*).

Protestos navajo e intertribais do Arizona Snowbowl continuam. Vocês mesmos, ou com colegas de curso, podem explorar dois websites que apoiam as reivindicações nativas ao lugar sagrado:
- www.truesnow.org/
- www.sacredland.org/san-francisco-peaks/
- Ouvindo essas vozes nativas, qual é a natureza de seu espaço sagrado? Qual é a natureza dos perigos aos picos? Quais recursos culturais estão sendo reunidos para defender os picos? Como suas reivindicações ao espaço sagrado são fundadas na temporalidade?
- Para estender essa análise, vocês podem localizar artigos a favor e contra as reivindicações nativas no principal jornal de Flagstaff, *The Arizona Daily Sun*: http://azdailysun.com/ Como as vozes nativas e críticos se envolvem no debate em torno desse lugar disputado no fórum público de um jornal?

Sumário do capítulo

Neste capítulo, exploramos o problema da construção de mundo religioso. As religiões fornecem uma realidade experiencial, ideológica, moral, social e cosmológica que os adeptos aceitam como verdadeira. Modelos de temporalidade e sensos de espaço são essenciais para estabelecer essa realidade. Se se trata de colocar uma comunidade na história ou de definir o espaço sagrado, esses eixos são cruciais para os adeptos religiosos, uma vez que envolvem os processos sociais de construir, manter, questionar e defender seu mundo religioso.

Estar no tempo e no lugar tem certamente a ver com uma orientação cosmológica, como vimos com as vidas espirituais dos bebês beng. Mas tem a ver também com gerar práticas religiosamente significativas. A peregrinação como um rito de passagem é um exemplo definitivo. Consideramos três explicações antropológicas para a peregrinação: *communitas* (que vimos com a *hajj* islâmica); contestação (que vimos com as três identidades cristãs em Jerusalém); e jornadas em interseção (que vimos com os debates peregrinação-turismo em Quioto). Estar no tempo e no lugar também destaca como as comunidades religiosas são comunidades de memória, que vimos por meio de quatro exemplos etnográficos: xamãs garifuna, dois casos de lembrança religiosa no sul dos Estados Unidos, e o presente mítico entre os apaches mescaleros. Finalmente, estar no tempo e no espaço revela como a construção de mundo religiosa pode ocorrer através de reivindicações divergentes a morar e pertencimento autêntico. Examinamos quatro casos etnográficos de espaços disputados: os budistas tibetanos na China; cristãos e muçulmanos em um local compartilhado na Israel-Palestina; a violência hindu-muçulmana na Índia; e os cristianismos concorrentes na Irlanda do Norte.

Por fim, espero que este capítulo tenha demonstrado como a construção de mundos religiosos é um processo social com interesses elevados, e um processo em curso que está aberto a contestação. Enquanto vocês prosseguem ao longo dos próximos dois capítulos, refletem sobre este livro como um todo, leem outros estudos de caso antropológicos e conduzem sua própria etnografia religiosa, espero que mantenham um olhar para o tempo e o espaço como recursos cruciais de construção de mundo.

Sugestões de leitura complementar

Junto aos trabalhos citados neste capítulo, considerem esses livros e ensaios como os próximos passos produtivos. Para dar seguimento a "Construção de mundo", um volume editado por S. Brent Plate estende o conceito de mundos religiosos a como religião e cinema estão conectados interculturalmente, *Representing religion in world cinema: filmmaking, mythmaking, culture making* (Palgrave Macmillan, 2003). Para "Peregrinação", o volume editado por Jill Dubisch e Michael Winkelman, *Pilgrimage and healing* (Peregrinação e cura) (University of Arizona Press, 2005) apresenta onze ensaios antropológicos de diversas tradições religiosas e contextos culturais. Para prosseguir com "Comunidades de memória", há a etnografia de Michael Lambek sobre a memória coletiva em Madagascar, *The weight of the past* (O peso do passado) (Palgrave Macmillan, 2002). Para "Lugares disputados", o volume editado de Glenn Bowman – *Sharing the sacra: the politics and pragmatics of inter-communal relations around holy places* (Compartilhando os sacros: a política e a pragmática das relações intercomunitárias em torno de lugares sagrados) (Berghahn, 2012) – reúne dez ensaios antropológicos que exploram a dinâmica de múltiplos lugares religiosos ocupados.

5
Em quem vocês confiam?

Antelope é uma cidade rural no centro do Oregon, três horas de viagem do sudeste de Portland e uma hora do leste da Reserva Indígena Warm Springs. Próximo dali, uma propriedade de 64.000 acres, uma comunidade chamada Rajneeshpuram prosperou de 1981 a 1985. Números precisos são desconhecidos, mas cerca de 7.000 pessoas viveram na comuna. Elas estavam lá por causa de um homem, Bhagwan Shree Raineesh, e suas promessas (CARTER, 1990; GOLDMAN, 1999; LINDHOLM, 2003).

Rajneesh ensinava uma forma de misticismo indiano antiortodoxo que misturava tradições espirituais orientais com terapêutica ocidental. Como um guru, Rajneesh prometia a seus seguidores (*sannyasin*) iluminação perfeita, transcendência de preocupações mundanas, unidade, harmonia e êxtase. Rajneesh deixou um ashram bem-sucedido na Índia para desenvolver a utopia de Oregon, que ele promoveu como lugar a partir do qual ele e seus seguidores reconstruiriam a sociedade após o iminente colapso do mundo moderno.

No capítulo 2, discutimos a ética da representação etnográfica, e brevemente encontramos o Movimento Rajneeshee por meio do trabalho da socióloga Marion Goldman. Através de entrevistas com ex-seguidoras, Goldman descreve um grupo de mulheres com boa formação basicamente de classe média que "escolheram deixar suas carreiras, amigos, namorados e por vezes famílias para seguir um caminho espiritual radical" (2002: 146). Ao romperem todas as conexões com suas vidas cotidianas, os seguidores buscavam um dos objetivos centrais do movimento de despersonalização. Dentro da comunidade, a despersonalização era praticada por meio da participação em grupos de autoconsciência exaustiva, assumindo novos nomes, novas datas de nascimento e eliminando todos os pronomes pessoais da fala (exceto para "Ele" em referência a Bhagwan). A meditação dinâmica, o ritual central de Rajneesh, também visava a despersonalização. Nesse ritual de grupo, sempre liderado por um dos discípulos de Bhagwan, os seguidores se vendavam, dançavam com música alta, gritavam, choravam, riam histericamente e se contorciam no chão como um modo de substituir sua consciência cotidiana pela iluminação prometida de Bhagwan.

Cada vez mais, Rajneesh se separou de todos, com exceção de alguns de seus discípulos mais próximos. Somente seguidores selecionados tinham permissão para vê-lo. Ele alegava uma sensibilidade olfativa elevada, reforçando sua aura de pureza, e os seguidores tinham de se lavar obsessivamente antes de solicitar uma visita. Na maioria das vezes, eles ainda tinham acesso negado. Em sua própria descrição, o método fundamental de Rajneesh era confundir seus seguidores. Por meio da mudança constante das regras diárias do Rajneeshpuram, e da instrução de ordens como a troca temporária ou permanente de parceiros sexuais, Rajneesh instilava uma disposição geral de instabilidade, incerteza e ansiedade. Todavia, até o fim, quando autoridades governamentais invadiram o Rajneeshpuram, e ainda depois de ter reconstruído seu ashram indiano sob o novo nome de Osho, seguidores mantiveram confiança absoluta em seu guru.

O problema da autoridade

De um modo surpreendente, o exemplo dos Rajneeshee nos encaminha para o problema geral na antropologia da religião: o problema da autoridade. Todas as religiões – grandes e pequenas, globais e regionais, marginais e convencionais – devem oferecer aos adeptos uma fonte de legitimidade fundamental. Ao que as pessoas concedem credibilidade, reverência e admiração? Ou, tomando o título deste capítulo, em quem vocês confiam? A autoridade religiosa pode ser moral, intelectual, existencial, cosmológica, institucional, corporal, social ou, em muitos casos, todos acima. Uma questão produtiva a ser feita sobre vidas e mundos religiosos, portanto, é "Como a autoridade é entendida, reunida, afirmada, administrada, exercida, internalizada, questionada e defendida?"

Mais precisamente, podemos perguntar: "Em quem (ou em quê) vocês confiam?" Para muitos movimentos religiosos novos é uma questão de quem. Diremos mais sobre a liderança carismática adiante, mas em alguns casos, como os rajneeshee, não há substituto para essa personalidade central, cativante. Poderia haver somente um Bhagwan. Mas a autoridade religiosa também pode ser mais dispersa: em objetos, papéis, instituições e construtos rituais. Pensem sobre a categoria da "escritura" e um exemplo como o islamismo. Os muçulmanos consideram o Corão sagrado porque é a revelação escrita da lei divina, falada diretamente por Alá ao Profeta Maomé. Ou pense sobre a categoria de "clérigo" e um exemplo como o papado católico romano. Em 2013, Jorge Mario Bergoglio se tornou o Papa Francisco, o 266º papa. O próprio papel é autoritativo, não o indivíduo. Houve papas antes de Francisco e haverá papas depois. Rituais também podem ser autoritativos. Considere um exemplo como a prática do batismo adulto em muitas tradições protestantes. Não há substituto para esse ato, que deve ser executado de um modo particular. Centralizada ou dispersa, a autoridade é crucial para entender a cultura religiosa.

Um compromisso antropológico central é que o problema da autoridade religiosa é fundamentalmente social. Isso é verdadeiro em dois sentidos. Primeiro, a autoridade não existe simplesmente; não aparece meramente; não é apenas presente. A autoridade deve ser estabelecida, produzida e reproduzida. Como a autoridade é feita, é contingente. É por isso que vemos questionamentos e perturbações à autoridade religiosa, e uma razão pela qual vemos as religiões mudarem ao longo do tempo. Segundo, a autoridade religiosa é social porque é fundamentalmente relacional. A autoridade forma e continua intersubjetivamente. Seja entre humanos e Deus, humanos e deuses, humanos e espíritos, humanos e ancestrais, ou humanos e humanos, a autoridade existe entre os agentes. Nossa área etnográfica deve entender a dinâmica da autoridade religiosa em contextos culturais vividos: como isso é feito, reproduzido e contestado. Por vezes, essa investigação focará o modo de a autoridade ser exercida e negociada. Outras vezes, focará o modo de a autoridade se tornar inscrita nas condições culturais, regimes institucionais, tecidos sociais e vidas individuais. Para nos ajudar em nosso caminho, considerem três critérios teóricos para explorar esse problema da autoridade religiosa.

Três critérios

Encontramos o primeiro critério teórico na discussão do capítulo 1 de como antropólogos criticaram a categoria da "religião": *Genealogies of religion* (Genealogias da religião) (1993), de Talal Asad. Se vocês recordam, Asad criticava as abordagens dominantes para o estudo da religião, tipificado pela noção de Clifford Geertz de "religião como um sistema cultural" (1966). Ele argumentava que, quando produtos culturais – símbolos, crenças, rituais – são analisados fora das condições e processos sociais que os produzem, perdemos a oportunidade de entender como esses produtos são dotados de autoridade.

Asad vê esse apagamento como (deliberado ou não) cúmplice em uma agenda teológica: "É essencial manter claramente distinto o que a teologia tende a obscurecer: a ocorrência de eventos (afirmações, práticas, disposições) e aos processos autorizadores que dão àqueles eventos significado e incorporam esse significado em instituições concretas" (1993: 43). Por exemplo, uma coisa é estudar o que um imame muçulmano diz sobre o Corão e outra muito diferente estudar como as ideologias textuais islâmicas são integradas no treinamento clerical e na educação na mesquita. Asad nos ajuda a ver que a autoridade é um produto histórico de processos sociais; está presente ao longo da infraestrutura institucional da vida religiosa; e é igualmente relevante às minúcias da prática religiosa cotidiana como para muitas cerimônias rituais públicas e dramáticas.

Max Weber, que também encontramos no capítulo 1, fornece outra percepção importante para tratar o problema da autoridade religiosa. Ao longo do conjunto de seu trabalho, Weber retornava continuamente às hierarquias sociais que definem a vida moderna. Ele distinguia entre diferentes tipos de autoridade, sendo as duas mais prolíficas a "burocrática" e a "carismática" (1946 [1958]: 324-385). Nenhuma é somente da religião. São encontradas em arenas sociais como a política e a econômica, mas os contextos religiosos as colocam em um relevo particular.

A autoridade burocrática é orientada para manter o *status quo*, mantendo as condições culturais como são, reproduzindo a legitimidade de uma ordem institucional. A burocracia é "motivada por inércia" (LINDHOLM, 2003: 358), resistente à mudança em larga escala. O poder do burocrata é vinculado à manutenção do poder da instituição. Líderes burocratas chegam à sua posição proceduralmente: indicados por outro, eleitos por pares, ou por meio de sucessão. Na burocracia, o posto é mais poderoso do que qualquer indivíduo que o ocupe em qualquer momento. Weber viu esse tipo de autoridade dominando as instituições tradicionais da vida moderna.

A autoridade carismática é o oposto qualitativo da burocracia. Está dirigida para a mudança, perturbando a ordem existente, e para a instabilidade institucional. A autoridade carismática é orientada a uma pessoa específica. Weber definia carisma como "uma certa qualidade de uma personalidade individual em virtude da qual ela é considerada extraordinária e tratada como dotada de poderes ou qualidades sobrenaturais, sobre-humanas ou ao menos especificamente excepcionais" (1922 [1978]: 242). Diferente da inércia das burocracias, o carisma é "motivado pela emoção" (LINDHOLM 2003: 358). Mais precisamente, é uma emoção intersubjetiva; experienciada entre essa personalidade extraordinária e aqueles que ela influencia. O antropólogo Charles Lindholm a descreve deste modo em seu estudo comparativo da autoridade carismática: "Carisma é, sobretudo, uma relação, uma mistura mútua dos eus internos de líder e seguidores" (1990: 7).

Os tipos ideais de burocracia e carisma são produtivos porque nos permitem ver líderes religiosos tão diversos como Bhagwan Shree Rajneesh e o papa católico romano como emergindo do mesmo problema de autoridade. Ambos dependem da legitimidade, e da legitimidade para garantir legitimidade. Ambos pedem a uma audiência para confiar neles, e para confiar na virtude de suas decisões. Ambos garantem seu *status* oficial com relação a diferentes ordens institucionais. Weber também nos permite entender por que movimentos como o Rajneeshee não conquistam longevidade. Líderes carismáticos morrem, desaparecem e experienciam fracasso público. Movimentos organizados em torno da autoridade carismática fracassam (lenta ou abruptamente) quando nenhuma estrutura institucional se desenvolve para apoiar e com o tempo substituir a figura principal que reúne pessoas para uma causa. Weber chamava o processo de desenvolvimento de longevidade institucional "a rotinização do carisma".

Essa questão da rotinização do carisma inspirou muitos antropólogos, nenhuma mais influencialmente do que Anthony F.C. Wallace. Em um artigo de 1956, "Revitalization movements" (Movimentos de revitalização), Wallace perguntou como poderíamos entender a mudança cultural orquestrada. Sua premissa de abertura é que modelos voltados para mudanças lentas, graduais sem direção não podem explicar a mudança orquestrada. O carisma de Weber é chave para sua proposta. Wallace definiu um movimento de revitalização como um "esforço deliberado, organizado e consciente de membros de uma sociedade para construir uma cultura mais satisfatória" (1956: 265). Ele então descreveu seis fases de desenvolvimento para movimentos de revitalização. (1) Após um período de profunda desilusão com a sociedade, um indivíduo "reformula" sua visão do mundo no qual vive e seu lugar nele. Com rara exceção, um único indivíduo faz essa reformulação. (2) O indivíduo se torna um fundador carismático ao professar a outros sua nova visão; "o sonhador... se torna um profeta" (273). (3) Há convertidos à visão do fundador e o poder carismático é distribuído para além do indivíduo singular. (4) O movimento recém-estabelecido responde à resistência da sociedade tradicional (i. e., burocrática). Isso envolve "acrescentar, enfatizar, minimizar e eliminar elementos selecionados das visões originais" (274). (5) O movimento testemunha a transformação cultural de seus membros, provocando "um embarque entusiástico em algum programa organizado de ação grupal"

(275). (6) O movimento testemunha seu reconhecimento, ou talvez parcialmente aceito, pela sociedade tradicional.

Weber e Wallace enfatizam a importância do antitradicionalismo na construção do carisma: geração de uma crítica cultural à ordem existente como um modo de estabelecer a autoridade carismática. Wallace também nos ajuda a lembrar que muitas consequências podem resultar de autoridades carismáticas: "alguns programas são literalmente suicidas; outros representam projetos bem concebidos e bem-sucedidos de promover reformas sociais, políticas ou econômicas" (275). Sim, temos casos como The Peoples Temple (O templo dos povos), onde Jim Jones orquestrou um suicídio em massa de 918 pessoas em 1978 (um exemplo que confere uma presciência arrepiante ao escrito de Wallace em 1956). Mas também temos exemplos como o caso-chave do estudo de Wallace: a regeneração de Handsome Lake (1799-1815), liderado pelo profeta seneca Handsome Lake, para unir as seis nações iroquois após as mortes e destruição generalizadas nas mãos dos povoadores coloniais.

Nosso terceiro critério teórico vem do livro do historiador inglês Bruce Lincoln, *Authority: construction and corrosion* (Autoridade: construção e corrosão) (1994). Lincoln define autoridade como um resultado ou consequência da vida social, não uma coisa em si que existe fora dela: "um efeito, a capacidade para produzir esse efeito, e a opinião comumente compartilhada de que um determinado ator tem a capacidade para produzir esse efeito" (10-11). Essa abordagem se encaixa diretamente no compromisso antropológico de que a autoridade deve ser ativamente feita e refeita em contextos sociais vividos. Lincoln também estende a descrição intersubjetiva de carisma de Lindholm, identificando todas as formas de autoridade como fundamentalmente relacionais: "uma assimetria postulada, percebida ou institucionalmente atribuída entre falante e audiência" (4). Ele diz ainda que relações de autoridade são fundadas na confiança: "A autoridade depende apenas da confiança da audiência, ou da disposição estratégica da audiência em agir como se tivesse essa confiança" (8).

Lincoln descreve um modelo no qual a autoridade pode ser extremamente poderosa e altamente contestável. A autoridade é exercida e é questionada. É obedecida e é criticada. É internalizada e é rejeitada. É persuasiva e é duvidada. Nesse modelo, o poder e a natureza contestada da autoridade são exercidos por meio de dois conjuntos amplos de discursos: construtivos e corrosivos.

Discursos construtivos são aqueles que funcionam para definir, fortalecer, promover, apoiar, respaldar, e, por outro lado, reproduzem esse "efeito, a capacidade para produzir esse efeito, e a opinião comumente compartilhada de que um determinado ator tem a capacidade para produzir esse efeito" (1994: 10). (Nos termos de Weber, tanto autoridades burocráticas e carismáticas praticam estratégias construtivas, mas suas estratégias espelharão suas respectivas ordens institucionais.)

Discursos corrosivos funcionam para questionar, erodir, criticar, prejudicar e, por outro lado, impedem ou perturbam a manutenção da autoridade. Lincoln nomeia "fofoca, rumor, piadas, injúria; maldições, vaias, apelidos, insultos; caricaturas, pichação, sátira; sarcasmo, deboche, ruídos rudes, gestos obscenos" (78) como exemplos. (Nos termos de Weber, podemos esperar discursos corrosivos serem mais ativos em regimes burocráticos, nos quais há uma ordem institucional definida. Em um regime carismático, discursos corrosivos teriam de ser muito mais sutis e cobertos, dada a fonte singular de um indivíduo autoritativo.) Por fim, Lincoln nos ajuda a lembrar que a autoridade resulta de processos sociais dinâmicos e devem ser ativamente reproduzidos, negociados e contestados.

Assim, com esses critérios teóricos estabelecidos, estamos prontos para explorar algumas nuanças da autoridade religiosa. O restante deste capítulo segue duas linhas de investigação. Na primeira, "Situando a autoridade", examinamos onde observamos a autoridade sendo exercida na vida social das religiões. Na segunda, "Autoridade em diálogo", examinamos como a autoridade religiosa está entremeada, muitas vezes contenciosamente, com outras fontes de autoridade cultural. Antes de irmos adiante, vamos voltar a Rajneeshee. Afinal, o que aconteceu após Oregon em 1985?!

Box 5.1 Um movimento de revitalização?

Após a invasão do Rajneeshpuram, Bhagwan Shree Rajneesh foi deportado dos Estados Unidos. Após ter negada a entrada em vários países, ele se estabeleceu em sua Índia natal e, em 1987, começou a reconstruir seu ashram na cidade de Pune. Em 1989 ele mudou seu nome para Osho e morreu em janeiro de 1990 ("deixou seu corpo", como os *sannyasin* dizem). O movimento Rajneeshee continua hoje como a Fundação Internacional Osho (Osho International Foundation – OIF).

Muito claramente, Bhagwan Shree Rajneesh/Osho satisfaz os requisitos do líder carismático e exemplifica a autoridade carismática de Weber. Mas como o movimento não morreu com sua morte, o OIF é evidência de que a autoridade foi suficientemente rotinizada?

Para tratar dessa questão, explorem o website da OIF: www.osho.com/visit Vocês mesmos, ou com seus colegas de aula, tratem estas questões:
- Como a OIF produz ativamente autoridade? Quais os discursos construtivos em operação? O que é apresentado como ritual ou texto autoritativo? Quais são as fontes dessa autoridade?
- Quão bem a OIF é compatível com o modelo de Wallace de revitalização bem-sucedida?
- Finalmente, considere que esse website faz uso da tecnologia de mídia de massa que não era disponível para o próprio Osho. Que papel esse lar virtual desempenha no esforço em curso da OIF para manter a autoridade?

Situando a autoridade

Nossa questão de organização é: Onde encontramos autoridade religiosa? Embora líderes carismáticos, como Rajneesh, e líderes burocráticos, como o Papa Francisco, são certamente persuasivos, eles não exaurem as locações de autoridade na vida religiosa. Existem outras identidades e papéis definidos para discutir, os quais referenciamos com o título "Especialistas religiosos". Existem também outras locações, menos centradas no indivíduo, para discutir, as quais referenciamos com o título "Autoridade ritual". No geral, espero que esta discussão reforce a importância de compreender a autoridade religiosa como um produto social, que é ativamente produzida e contestada, sempre incrustada nas relações e contextos vividos.

Especialistas religiosos

Os fundadores de novos movimentos religiosos e os líderes oficiais das instituições religiosas globais não são mais que dois tipos de trabalhadores religiosos. O registro etnográfico é repleto de outros: descrições de xamãs, profetas, médiuns espirituais, sacerdotes, sacerdotisas, oráculos, feiticeiros, adivinhadores, curandeiros populares, feiticeiros, gurus, pastores, pregadores, rabinos, imames, freiras e monges. Podemos agrupar esses títulos variados sob a rubrica "especialista religioso". Isso se refere a um papel socialmente reconhecido, no qual a autoridade é definida pela posição desse papel dentro de um sistema religioso e por quão bem as expectativas do sistema são satisfeitas pelo especialista.

Os antropólogos têm se baseado em uma distinção útil entre duas categorias amplas: "sacerdote" e "xamã". O núcleo dessa distinção é que sacerdotes são especialistas religiosos em tempo integral que estão sujeitos a uma ordem institucional hierárquica. Xamãs não são parte de uma ordem institucional clara e são especialistas em tempo parcial (i. e., têm outros papéis sociais, econômicos ou políticos que recebem igual ou mais de seu trabalho) (KLASS, 1995: 63-71). Existem boas razões para suspeitar dessa como uma divisão absoluta. Por exemplo, embora a categorização analítica seja útil, não é o fim de nossa análise. Ainda temos muitas questões para fazer sobre os trabalhos espirituais diários de sacerdotes e xamãs após identificarmos que tipo de especialista religioso eles são. Além disso, há a implicação equivocada (e etnocêntrica) de que esses papéis religiosos se alinham com sociedades "complexas" e "simples" discretamente diferentes. Mas muitos antropólogos usam a distinção sacerdote-xamã como um tipo de *continuum* para propósitos comparativos, não como uma divisão absoluta. Ajuda-nos a entender por que pastores metodistas são mais como rabinos judaicos e imanes muçulmanos do que como sacerdotisas vodu ou feiticeiros azande.

"Xamã" se mostrou uma categoria comparativa mais ambígua e debatida. O próprio termo remonta aos evenk, um grupo etnolinguístico dos povos tungusic do leste da Sibéria (BOWIE, 2000: 191). Algumas características são regularmente usadas para esboçar uma semelhança familiar mínima com a categoria. Primeiro, há uma ênfase na metodologia. Central a ela é entrar em um transe (ou estado alterado de consciência) durante um evento ritual para comungar com os espíritos. Isso é muitas vezes auxiliado por técnicas para induzir o estado alterado, por exemplo: a ingestão ritual de substâncias alteradoras da consciência, jejum, ou privação de sono. A metodologia xamânica também inclui uma parafernália dedicada. Isso varia interculturalmente, mas alguns exemplos recorrentes incluem usar vestimenta especializada, tocar tambores rituais e usar instrumentos especializados. Há também um período definido de treinamento e aprendizagem que xamãs aspirantes devem completar, no qual aprendem como conduzir eventos rituais e a entrar e controlar o estado de consciência alterado (STEIN & STEIN 2010).

A autoridade xamânica está fundada na habilidade de comungar com os espíritos, em ter acesso especial às, ou compreender, verdades sagradas. Nenhum antropólogo jamais relatou sobre um xamã que só usa acesso espiritual para ganho pessoal. Xamãs, como profetas carismáticos, são fundamentalmente sociais. Usam seu acesso espiritual para cura (preventiva e curativa), adivinhação (de segredos, do futuro), mediação de problemas (fertilidade, proteção) e para invocar assistência espiritual (vingança contra um inimigo, exorcismo do mal). Como esses atos importantes sugerem, conhecimento e prática xamânicos são poderosos e, em muitos casos, considerados perigosos para possuir e usar. Na verdade, os caminhos do xamã são muitas vezes protegidos e escondidos de todos os não xamãs.

Uma visão geral da autoridade xamânica ajuda a nos orientar, mas deveríamos diminuir o foco em um estudo de caso para uma aproximação. Homayun Sidky começou a fazer trabalho etnográfico com xamãs nepaleses (*jhakri*) em 1999. Em um artigo de 2009 (que inclui uma excelente fotografia de trabalho de campo), Sidky trata a questão de como o estado alterado de um xamã se conecta com a cura de um paciente. A área espiritual do *jhakry* "é remediar crises e desviar ansiedades e estresses que surgem no contexto das interações interpessoais cotidianas que são frequentemente atribuídas a divindades zangadas ou à malícia de bruxas e espíritos maus" (173).

A execução ritual-chave dos *jhakri* é uma cerimônia de cura de 15-20 horas (*cinta*). Durante esse ritual os *jhakri* diagnosticam, curam e demonstram os poderes super-humanos concedidos a eles por sua comunhão espiritual, como "lamber barras de ferro incandescentes, comer pavios queimando, pisar sobre brasas e consumir quantidades massivas de destilados sem os efeitos ruins" (175).

O exemplo central do artigo é um *cinta* executado em 2007, situado a 20 milhas de Katmandu (no todo, Sidly documentou etnograficamente 47 *cinta*). O paciente era um homem local de 43 anos sofrendo "de dores estomacais e no peito e sensações de formigamento ao longo de seu corpo" (175). Um grupo de xamãs, liderados por um *jhakri* sênior, trabalhavam para adivinhar o diagnóstico do paciente por meio da dança e do canto, e, por fim, travar uma batalha com Yamaraja, "'o deus da morte', que decide o destino de humanos e exerce influência sobre os alinhamentos planetários que resultam em doença e morte" (177). Para se opor a Yamaraja, o *jhakri* sênior canalizou outro espírito, Bhimsen Guru, como um "aliado sobrenatural" (183). Possuído por Bhimsen Guru, o *jhakri* bradava duas lâminas e fisicamente atacava o Yamaraja invisível.

Por fim, o *jhakri* emergiu vitorioso, o paciente estava curado e todos os presentes foram purificados por água e fogo (incluindo o etnógrafo e sua equipe de filmagem). Sidky faz a observação importante de que essa cura ritual não é simplesmente sobre o que um xamã faz. Mais precisamente, repousa sobre uma interação dinâmica entre xamã, entes espirituais, paciente e a multidão reunida de amigos do paciente, família e outros locais. Além disso, a audiência não é um conjunto de observadores passivos; eles discutem ativamente os procedimentos enquanto se desdobram. Isso destaca a natureza fundamentalmente relacional da autoridade religiosa.

A autoridade xamânica está presente nos contextos de aldeia, como o exemplo nepalês de Sidky, mas está presente também em encontros transnacionais. Veronica Davidof escreve sobre exatamente um encontro assim em um artigo de 2010, "Shamans e shams" (xamãs e charlatães). Davidof nos leva à bacia amazônica do Equador, e detalha como xamãs "tradicionais" e "novos" entre os indígenas quechua lutam para definir xamanismo "real" em meio a encontros de turismo étnico, ecológico e de selva.

Xamãs quechua (variadamente chamados *yachajs* ou *taitas* em quechua, e *shamanos* ou *curanderos* em espanhol), como seus equivalentes nepaleses, executam diagnóstico de doenças, cura, adivinhação e "desenvolvem relações com espíritos poderosos, que facilitam a passagem do xamã para o mundo espiritual" (DAVIDOF, 2010: 390). O *limpiada* é o rito xamânico central quechua (semelhante ao *cinta* dos *jhakri*), e envolve a ingestão ritual da *ayahuasca*, uma substância alucinógena preparada a partir de várias plantas naturalmente cultivadas. Um dos consultantes de Davidof, um xamã aposentado que é muito crítico dos novos xamãs, afirma que o treinamento xamânico deveria começar já aos 6 anos de idade, "antes que sua sexualidade se desenvolva", dedicar cinco anos ao domínio da *ayahuasca* e dois anos para ser um aprendiz (396).

A explosão do turismo do Equador, que iniciou no começo da década de 1980, inclui um grupo demográfico diverso de turistas de aventura que desejam um encontro com o exótico étnico. Esses turistas estão "em busca de alteridade radical, que os grupos indígenas [equatorianos] competem entre si para suprir" (395). Novos xamãs, cujo treinamento é ambíguo e não tão extensivo quanto o dos tradicionalistas, conduzirão *limpiadas* para consumo turístico, incluindo o preparo e a ingestão da *ayahuasca*. Por uma tarifa extra "não contabilizada" (399) turistas podem consumir a planta também. Viajantes em busca de alteridade não têm dúvida de que encontraram "a coisa mesma" (404):

> Como as visitas de tempo determinado e orientadas à experiência privilegiam os lados performativo e material do xamanismo, em vez de suas tradições esotéricas espirituais, as relações entre a atuação lucrativa dos rituais xamânicos e a identidade de alguém como xamã se torna complexa, especialmente quando a questão da legitimidade está em jogo (392).

Davidof evita a complicação de brincar de "quem é o xamã autêntico" por boas razões. Para começar, debates quechua sobre autenticidade não são novos para a era do turista global; eles remontam ao menos ao encontro colonial. Segundo, novos xamãs, embora treinados diferentemente, são praticantes sinceros do *limpiada*; eles não podem simplesmente ser descartados como fraudes. Em vez disso, o conflito local para definir a autenticidade xamânica ilustra como a autoridade religiosa está disponível, contestada em contexto do turismo global e economias indígenas em mudança.

Box 5.2 Redes globais de xamãs

Para a distinção sacerdote-xamã, um ponto-chave é que sacerdotes são parte de uma ordem institucional hierárquica que julga a legitimidade, enquanto os xamãs não. A formação de redes globais de xamãs questiona isso. Essas redes globais são voltadas para a revitalização cultural, formação de comunidades virtuais e, ecoando as ansiedades produzidas pelo debate da autenticidade xamânico do Equador, policiamento das fronteiras da tradição legítima. Explorem três sites produzidos por e para xamãs mongóis:

- www.tengerism.org/
- www.tengerism.org/Buryat_Contents.html
- buryatmongol.org/

Vocês mesmos, ou com colegas de classe, podem explorar esses sites buscando evidências de como a autoridade xamânica está sendo definida. Em particular, como a autoridade é definida em comparação a "impostores" e outros atores que são considerados ameaças à autenticidade xamânica? Antes de encerrar sua discussão, certifiquem-se de considerar como esse exemplo envolve um tema organizado da introdução deste capítulo. O que as redes globais xamânicas ilustram sobre a autoridade religiosa como um processo social que deve ser produzido, reproduzido e negociado?

Autoridade ritual

Em seu livro monumental *Ritual and religion in the making of humanity* (Ritual e religião na formação da humanidade) (1999) Roy Rappaport escreveu: "o ritual, que também estabelece, guarda e une fronteiras entre sistemas públicos e processos privados, é *o* ato social básico" (138; ênfase no original). Isso ecoa um antigo compromisso na antropologia da religião: o ritual é o pão com manteiga da religião, um elemento fundamental insubstituível. Em seu livro *Religion: an anthropological view* (Religião: uma visão antropológica) (1966), Anthony F.C. Wallace sugere o mesmo: "os objetivos da religião devem ser realizados pela execução de rituais" (104). Já vimos vários exemplos sobre a importância do ritual neste capítulo (e. g., o *limpiada* do xamã kichwa) e em capítulos anteriores (e. g., a discussão sobre a peregrinação do capítulo 4). Nesta seção, focamos o ritual como a fonte e o portador da autoridade religiosa.

Joguem uma pedra nos arquivos da antropologia e vocês atingirão um estudo sobre rituais. (Joguem uma pedra maior e vocês atingirão uma definição). Cada estudioso influente da religião escreveu sobre a natureza do ritual (cf. BELL (1997) para uma revisão de estudos sobre rituais). Como ocorre com "xamã", podemos destacar uma família de cinco traços comuns. (1) Ritual é marcado como especial em relação ao fluxo ordinário da vida diária. É por vezes integrado ao fluxo da vida (como a prece em muitas tradições cristãs) e por vezes diferenciado como o pico da experiência (como a meditação dinâmica dos Rajneeshee). (2) Ritual é ordenado por um procedimento particular e repousa na execução para ter autoridade. Essa qualidade se sustenta se o ritual é breve ou altamente orquestrado. (3) Ritual é praticado de formas que são incorporadas e multissensórias. Isso pode exigir prática muito extenuante, como o *cinta* dos *jhakri*. (4) Ritual é comunicativo. Ou seja, diz algo significativo sobre algo cultural para uma audiência. (5) Ritual é performativo. Ou seja, não reflete meramente crenças, valores, compromissos ou relações; pode também gerá-los (recorde a discussão do capítulo 3 da pragmática da linguagem).

Em estudos sobre rituais, a função do ritual recebe muita atenção merecida. Emicamente, o propósito do ritual pode ser muito estratégico: curar uma doença e influenciar os deuses, como acontece com os *jhakri*, ou se mover mais próximo à iluminação perfeita como ocorre com a meditação dinâmica. Eticamente, o propósito do ritual poderia ser interpretado nos termos durkheimianos do capítulo 1. Rituais coletivos que sustentam a comunidade moral são uma dinâmica integral de abordagem de Durkheim à religião (i. e., o ritual promove a coesão social mesmo em meio à instabilidade social). Um mecanismo ritual para isso é o que Durkheim chamava "efervescência coletiva", ou a "experiência física de exaltação, intoxicação e despersonalização" onde "a experiência visceral é anterior a qualquer mensagem transmitida" (LINDHOLM, 1990: 31, 35).

Como vocês podem supor, existem debates importantes sobre a funcionalidade do ritual (cf. BELL, 1997, para uma revisão). Mas nosso foco está em outra parte, sobre como rituais são o contexto social concreto para encenar, legitimar e questionar a autoridade religiosa. Os estudos sobre rituais da acadêmica Catherine Bell nos lembram que práticas rituais não são meramente um instrumento de poder religioso, elas "são a própria produção e negociação de relações de poder" (1992: 196). Para ilustrar, focamos um exemplo etnográfico do norte da Grécia.

A cada ano, em 21 de maio, um pequeno grupo de cristãos ortodoxos gregos se reúne, toca música, dança, acende uma grande fogueira, espalha as brasas e caminha sobre elas até que tenham esfriado. O ritual complexo é chamado Anastenaria e é executado por uma minoria conhecida como Kostilides. Os Kostilides se estabeleceram no norte da Grécia como refugiados após serem duas vezes deslocados: uma vez após a Guerra dos Bálcãs de 1912-1913 e novamente após a vitória da Turquia de 1922 na batalha pela Ásia Menor. Ayia Eleni, uma pequena aldeia de menos de mil pessoas, é um dos dois lugares na Grécia onde o Anastenaria continua a prosperar. Essa aldeia é o local da surpreendente etnografia de Loring Danforth, *Firewalking and religious healing* (Caminhar sobre o fogo e cura religiosa (1989)).

Somente uma pequena porção de Kostilides são Anastenarides, embora a aldeia inteira apoie e ajude a preparação ritual. A maioria dos Anastenarides são mulheres, o que é importante porque o norte da Grécia é muito patriarcal. Esse ritual fornece um contexto público para as mulheres mostrarem liderança e poder, afirmações sociais que são amplamente excluídas no curso ordinário da vida cotidiana. Os Anastenarides consideram caminhar pelo fogo perigoso e espiritualmente poderoso, o que significa que os praticantes devem experienciar um chamado de Deus. Esse chamado, que eles denominam "sofrimento do santo", é conhecido por um diagnóstico de sintomas: "o comportamento inusual envolvendo fogo... sonhos persistentes ou visões envolvendo São Constantino... períodos de inconsciência, paralisia, descontrole urinário, ou outro comportamento involuntário ou inaceitável" (DANFORTH, 1989: 81). Caminhar sobre o fogo pela primeira vez é ser curado desse sofrimento, e a cada vez depois é uma celebração de cura, agradecimentos e devoção.

O clímax ritual da Anastenaria, 21 de maio, é o Festival de São Constantino e de Helena no calendário litúrgico ortodoxo grego. Constantino, o primeiro imperador romano a professar o cristianismo, e sua mãe Helena, são santos poderosos em todo o mundo ortodoxo. São Constantino possui a Anastenaria durante o ritual, que é o que os protege de serem feridos pelo fogo. Seu ato ritual de fé de caminhar "demonstra se as pessoas entram no fogo com o poder do santo (em cujo caso eles não serão queimados) ou se entrarem por sua própria vontade (em cujo caso serão queimados)" (127). Embora dramática, a Anastenaria é "parte de uma tentativa mais geral [entre cristãos ortodoxos] para assegurar os efeitos benéficos do poder sobrenatural de Deus pelo estabelecimento de uma relação pessoal de obrigação mútua com um santo particular" (71).

A caminhada sobre o fogo é o pico de uma celebração ritual extensa. Antes dessa culminância, os adeptos cantam e dançam ao longo do dia. As canções e danças não são exclusivas ao ritual; são atuações tradicionais que conectam os Kostilides ao seu passado étnico, uma memória da vida antes do deslocamento. Os adeptos abordam o fogo, dançando e cantando, carregando ícones sagrados de São Constantino e Santa Helena. Os ícones são representações de madeira pintada, muitas vezes relíquias de família altamente valorizadas. Ao longo do ano os ícones são mantidos em altares domésticos bem cuidados, aos quais se oram. Carregar os ícones garante a possessão e proteção. Os adeptos caminham e dançam ao redor do fogo até que a última brasa tenha queimado e tudo vire cinza. Juntos, pelo poder dos santos, os Anastenarides derrotam ritualmente as forças negativas que ameaçam a vida diária e declaram publicamente sua devoção. Anualmente, em 21 de maio, eles participam de um milagre.

Embora supremamente edificante para os Kostilides, individual e coletivamente, o Anastenaria é controverso. Após se estabelecer no norte da Grécia em 1924, o ritual era praticado somente em segredo pelos temores de perseguição pelos funcionários da Igreja Ortodoxa. Aqueles medos se realizaram em 1947, quando a Anastenaria era realizada em público pela primeira vez. A Igreja da Grécia os acusou de serem adoradores pagãos, possuídos não por Constantino, mas por demônios satânicos. Hoje, o impasse continua: os funcionários da Igreja denunciam o ritual como sacrilégio e os adeptos alegam acesso único ao poder dos santos.

A Anastenaria ilustra poderosamente como o ritual religioso é o local da construção e contestação da autoridade. É somente por meio desse evento específico de caminhar sobre o fogo, que culmina em um ciclo ritual e uma execução ritual, que os adeptos podem experienciar a possessão e a cura de São Constantino.

Para as mulheres, permite o acesso ao poder social que de outro modo não têm. E o ritual é um ponto de divisão entre um pequeno grupo de adeptos ortodoxos e a hierarquia burocrática da Igreja.

Box 5.3 As mulheres pentecostais e o poder do testemunho

Parte da descrição de Danforth é a interação de religião, gênero, poder social e autoridade ritual. Essa dinâmica reaparece interculturalmente. Um exemplo paralelo vem da etnografia de Elaine Lawless sobre as mulheres pentecostais do Estado de Indiana, no sul dos Estados Unidos: *God's peculiar people* (O povo peculiar de Deus) (1988).

Lawless tem formação como folclorista e antropóloga linguista, e foca os gêneros de discurso que dominam o culto pentecostal: "o culto religioso pentecostal é um estágio para vários níveis diferentes de arte verbal executada" (59). Um dos argumentos-chave de Lawless é que as mulheres usam o gênero falado de "testemunhos" para subverter temporalmente sua posição cultural estabelecida como subordinada à autoridade masculina. Em cada culto, o tempo é distribuído aos congregantes para ficarem em pé e oferecerem testemunhos de fé. Nesses momentos rituais, considera-se que as pessoas estejam falando não como seus eus diários, mas sob a inspiração do Espírito Santo. Lawless descobriu que os testemunhos das mulheres frequentemente incluem críticas explícitas à congregação, incluindo pastores e outros líderes. Essas críticas nunca ocorriam fora do contexto ritual.

Junto à etnografia escrita, Lawless coproduziu um filme etnográfico. *Joy unspeakable* (Alegria indizível) (1981, 59 min.) está permanentemente arquivado para uso público em um website dedicado à documentação do folclore americano: www.folkstreams.net/film, 54. Vocês mesmos, ou com colegas de classe, podem assistir a esse documentário com três questões em mente:

• Como a posição subordinada das mulheres pentecostais se evidencia no discurso, ação e interação social?
• Como as mulheres pentecostais usam contextos rituais para gerar autoridade para si?
• O que mais o filme ilustra sobre o profundo envolvimento entre autoridade ritual e religiosa?

Autoridade em diálogo

No capítulo 1, discutimos a secularização de José Casanova como tese de diferenciação. Essa tese ressoa com o trabalho do filósofo Charles Taylor em seu livro *A secular age* (Uma época secular) (2007). Uma das afirmações centrais de Taylor é que a crença religiosa da modernidade ocidental se tornara uma opção entre muitas; perdera o *status* de ser um imperativo tácito. Modernos ocidentais buscam em muitas fontes por respostas sociais, morais, históricas, naturais e cosmológicas além de, ou em vez de, na religião. A história da modernidade que Taylor esboça é discutível (cf. BUTLER, 2010), mas seu argumento provocativo destaca um fato social extremamente importante da vida contemporânea: a autoridade religiosa não é a única alternativa! A autoridade religiosa existe em uma relação dinâmica, e muitas vezes contenciosa, com outras fontes de autoridade cultural. Essa dinâmica produz arranjos sociais fascinantes e complicados que são melhor explorados etnograficamente. Nesta seção, descrevemos exemplos de autoridade religiosa que existem em diálogo com outras instituições culturais que reivindicam a lealdade pública: o Estado e a ciência.

Religião e o estado

Como entidades políticas, estados estimulam vários tipos de relações com o fenômeno da religião e com religiões particulares. Estados podem ativamente suprimir afiliação e prática religiosas (lembrem-se da discussão do capítulo 1 sobre a União Soviética). Podem declarar uma religião específica como a única religião oficial do Estado, como a Noruega faz com o luteranismo. Estados podem funcionar com teocracias, como o Irã fez com o islamismo xiita desde a Revolução Islâmica de 1979. Ou como em nações como os Estados Unidos, a posição oficial do Estado é a da não interferência no livre-exercício de religião junto à proibição de estabelecer uma religião do Estado. Em qualquer contexto, questões sobre estrutura legal e como leis individuais impactam a expressão religiosa são importantes. O poder para estabelecer leis e impor punição pela violação de leis é talvez o modo mais aberto pelo qual a autoridade do Estado e a autoridade religiosa se confrontam. Considere um exemplo da América do Norte nativa.

Em1978, o Congresso americano aprovou a Lei de Liberdade Religiosa Indígena Americana (American Indian Religious Freedom Act). Essa lei federal era voltada para a proteção das liberdades entre as religiões nativas tradicionais. Críticos nativos e não nativos à lei argumentavam que ela era ineficaz porque a linguagem legal vaga permitia que muitas condições fossem impostas ao exercício efetivo da liberdade religiosa. Um exemplo claro é a Igreja Americana Nativa (Native American Church – NAC) e seu uso do cacto peiote. A NAC é um movimento religioso intertribal que começou entre as tribos de Oklahoma em meados da década de 1880 e declarou seu *status* legal como Igreja em 1918. Adeptos buscam a NAC para cura espiritual, mental e física, e a ingestão ritual do peiote é crucial para a cura efetiva. A NAC considera o peiote "remédio", enquanto a Agência Americana de Combate às Drogas (U.S. Drug Enforcement Agency) classifica o peiote como uma substância controlada de Classificação 1 perigosa e viciante porque contém o ingrediente psicoativo mescalina. Tentativas em nível federal e estadual para regular e proibir o uso ritual do peiote remontam a 1886.

Esse confronto definicional estava no centro do caso da Suprema Corte americana de 1990, *Employment Division of Oregon v. Smith* (Divisão de Emprego de Oregon v. Smith). Em 1984, Alfred Smith (da tribo klamath, Oregon) estava trabalhando em uma instituição de tratamento para abuso de substâncias. Seu empregador descobriu sua afiliação à NAC e Smith foi demitido. Então, solicitou seguro-desemprego com base na liberdade religiosa, mas teve o pedido negado. A Corte de Apelos de Oregon inverteu essa decisão e a Suprema Corte de Oregon manteve essa inversão. Contudo, a Suprema Corte Americana inverteu a decisão da corte estadual, negando compensação e questionando a legitimidade religiosa do uso ritual do peiote. *Oregon v. Smith* levou o Congresso americano a emendar a Lei de Liberdade Indígena Americana em 1994, fortalecendo as bases legais especificamente para o uso ritual do peiote.

A different medicine (Um remédio diferente) (2013) é a etnografia do antropólogo Joseph Calabrese sobre o uso ritual do peiote entre os adeptos navajos no Arizona e no Novo México. Calabrese descobriu que o ritual peiote é altamente estruturado, organizado e controlado. Tipicamente, um indivíduo declara uma necessidade de cura e uma cerimônia é organizada. Um recinto circular (normalmente, uma tenda) com uma abertura para o leste é construída. Quatro especialistas religiosos lideram o ritual: um Homem da Estrada (*Road Man* – assim chamado devido à metáfora dominante da NAC, "A vida é uma estrada") é o principal organizador; um Homem do Tambor (*Drummer Man* – responsável por tocar o tambor); um Homem do Fogo (*Fire Man* – que cuida do fogo no centro do recinto circular); e um Homem do Cedro (*Cedar Man* – que periodicamente coloca incenso de cedro no fogo). Todos os participantes do ritual (paciente, especialistas religiosos e família ou amigos do paciente) entram no recinto circular no pôr do sol, onde ingerem o peiote, oram e cantam até o alvorecer do dia seguinte (CALABRESE, 2013: 123).

Calabrese argumenta que "o peiote é central à Igreja Americana Nativa... como um remédio, como um símbolo potente e como uma entidade espiritual" (101). Como um remédio (*azee* em navajo), o peiote é dirigido para "processos mentais de ordem mais elevada (como autoconsciência, solução de problemas, imaginação, emoção e sugestibilidade)" (26). O cliente que solicita cura faz uso das propriedades medicinais do peiote ao buscar soluções para problemas físicos, mentais e espirituais: "crenças não são simplesmente transmitidas de um membro a outro verbalmente; em vez disso, acredita-se que cada um deve encontrar suas crenças independentemente por meio da experiência sacramental do consumo do peiote" (98). Calabrese enfatiza que o peiote não é meramente um meio de cura. "O peiote é considerado um espírito guardião benevolente ou um espírito mensageiro que permite a comunicação entre humanos e divindade" (104). "As comunicações terapêuticas mais importantes são aquelas que vêm ao paciente não do [Homem da Estrada], mas diretamente de Deus ou do Espírito do Peiote sob a forma de visões ou outras experiências sagradas" (33). Além do uso ritual estrito, Calabrese descobriu por meio de sua etnografia que adeptos da NAC também usam o peiote para ajudar a socializar os jovens: "Reuniões de Peiote são organizadas para crianças para apoiar seu trabalho escolar, e a ingestão do sacramento é considerada benéfica para as crianças, assim como para os adultos" (152).

O uso ritual do peiote entre adeptos da NAC é um exemplo do que ocorre quando a autoridade do Estado confronta a autoridade religiosa. O peiote é um remédio sacramental ou uma droga perigosa? Em quem vocês confiam para decidir isso: O governo americano ou a NAC? Esse é um exemplo instrutivo porque mostra como o confronto é trabalhado dentro do contexto de uma cultura Estado-religião geral (a provisão constitucional considerando o livre-exercício de religião). Além disso, afirmações de liberdade religiosa não são incontestadas pelo Estado, de onde a fluidez entre 1886, 1978, 1990, 1994 e depois. Afinal, até que ponto fora das fronteiras do ritual as cortes americanas protegerão o direito de a NAC utilizar o peiote? E quem as cortes americanas protegerão como um legítimo adepto da NAC?

Box 5.4 Casamento celestial

Em 3 de abril de 2008, autoridades governamentais invadiram um rancho de 1.700 acres perto de Eldorado, Texas (a uma distância de três horas de carro a oeste da capital Austin). O rancho pertencia a uma comunidade da Igreja Fundamentalista de Jesus Cristo dos Santos dos Últimos Dias (*Church of Jesus Christ of Latter-Day Saints* – FLDS), que pratica a poligamia; ou, em termos êmicos, "casamento celestial". A polícia estadual foi acionada com base em registros de abuso infantil e estupro, que terminou colocando mais de 400 crianças em orfanatos. Na época, foi o maior resgate governamental de crianças na história americana. Não foi, contudo, a primeira vez que uma operação governamental massiva teve como alvo os polígamos mórmons. Invasões similares ocorreram na cidade de fronteira Utah-Arizona de Short Creek em 1953 e 1944. Aqui, o confronto de autoridade religiosa e estatal gira em torno de questões de gênero, sexualidade e parentesco (JACOBSON & BURTON, 2011).

A poligamia mórmon data em torno das origens do movimento. Joseph Smith, o profeta carismático fundador, recebeu as revelações que terminaram publicadas como *The book of Mormon* (O livro de Mórmon) na década de 1820. Em 1843, Smith relatou uma revelação defendendo o casamento celestial como um chamado divino. Como as comunidades dos Santos dos Últimos Dias proliferaram no oeste americano, o confronto religião-Estado escalou, culminando na Lei Edmunds de 1882, que declarava o casamento plural um crime. A bigamia de qualquer tipo permanece ilegal em cada estado americano. Em 1890, parcialmente como uma tentativa de obter a condição de Estado para Utah, a Igreja FLDS negou oficialmente o casamento plural. Membros da FLDS que continuaram a praticar o casamento celestial começaram obrigatoriamente a deixar a Igreja por volta de 1905, e o movimento fundamentalista moderno mórmon foi organizado no final da década de 1920 em Short Creek. Hoje, há ao menos 20.000 polígamos mórmons (uma percentagem muito pequena de aproximadamente 6,5 milhões de membros da FLDS nos Estados Unidos), divididos entre quatro grandes grupos, vivendo ao longo do Intermountain West dos Estados Unidos, Canadá e México (Jacobson e Burton 2011).

Para os mórmons fundamentalistas, o casamento celestial tem a ver com salvação eterna muito mais do que com desejo sexual ou amor romântico (MILES, 2011). "O Princípio", como o chamado divino ao casamento celestial é muitas vezes chamado, está fundado em vários acordos teológicos. O mais importante diz respeito à expansão do reino dos santos: um sistema de múltiplas esposas pode produzir e cuidar de filhos exponencialmente mais rápido do que a monogamia. E, embora alguns acreditem que a poligamia promova a glória de homens hipócritas, o casamento celestial emerge de uma leitura literal de Is 4,1, concernente à superabundância de mulheres religiosas na época messiânica: "Naquele dia, sete mulheres se apossarão de um homem e dirão: 'Vamos comer nossa própria comida, providenciar nossas próprias roupas; deixe-nos apenas ser chamadas por vosso nome. Leve embora nossa desgraça!'" (Nova versão internacional). Fundamentalistas mórmons também vinculam a poligamia à sua crítica cultural à vida convencional: "É considerada remover os males da sociedade moderna, que incluem a maternidade solteira, profissionais solteiras e o divórcio generalizado... eliminaria a prostituição, a infidelidade, a homossexualidade, mulheres maduras solteiras, mulheres sem filhos e outros tipos de pecado sexual" (BENNION, 2011a: 109-110). Com base em quinze anos de trabalho etnográfico em múltiplas comunidades mórmons fundamentalistas, a antropóloga Janet Bennion argumenta que o casamento celestial não é inerentemente abusivo, mas, ao contrário, envolve distintos benefícios e formas de empoderamento feminino, incluindo estratégias criativas para dispersar responsabilidades domésticas (BENNION, 2011b: 170-174).

A poligamia mórmon levanta questões provocativas sobre o confronto de autoridade religiosa e estatal. O que conta como um abuso de liberdade religiosa nos Estados Unidos? Quem tem o poder de definir que casamento é legítimo? Como chegamos a decisões sobre uma idade consensual para casar? Qual é a melhor estrutura para uma família, e em quem confiamos para definir isso? Diferente do exemplo da Igreja Americana Nativa, a poligamia mórmon existe em um impasse. Essas comunidades vivem em aberta violação da lei federal e estadual. Em teoria, novos resgates governamentais de crianças poderiam ocorrer a qualquer momento.

Vocês mesmos, ou com colegas de classe, podem explorar algum material original básico sobre a poligamia mórmon a partir de diferentes gêneros de mídia de massa:

• O principal jornal de Utah, *The Salt Lake Tribune*, dedica um arquivo exclusivo à poligamia mórmon (www.sltrib.com/cat/polygamy). Vocês podem encontrar também artigos de opinião escritos por fundamentalistas mórmons. Por exemplo, há este de Maggie Jessop, a filha de um influente profeta polígamo, em resposta aos ataques do Texas: "Eu sou uma mulher FLDS e tenho direito aos mesmos direitos que vocês" (www.sltrib.com/opinion/ci_9211573). Como defensores como Maggie Jessop apoiam a autoridade religiosa e questionam a autoridade do Estado?

• Após o sucesso de *Big Love* da HBO (2006-2011), uma série dramática que retrata uma família polígama independente vivendo em Salt Lake City, várias redes de televisão criaram séries no gênero "Reality TV": por exemplo, *Polygamy* (Poligamia) do Canal da National Geographic americano (http://channel.nationalgeographic.com/channel/polygamy-usa/) e *Sister Wives* (Esposas irmãs) do TLC (Travel & Living Channel). Como essas representações tratam o confronto de autoridade religiosa e estatal?

• Há numerosas memórias escritas de uma variedade de pontos de vista, incluindo ex-esposas fundamentalistas (e. g., *Escape* (Fuga), de Carolyn Jessop), homens fundamentalistas excomungados (e. g., *Lost Boy* (Garoto perdido), de Brent Jeff) e polígamos independentes defendendo o casamento celestial (e. g., *Love Times Three* (Amor vezes três), de Joe, Alina, Vicki e Valerie Darger). Leiam uma amostra de cada um. Como eles representam a vida cotidiana do casamento celestial? Como suas representações articulam o envolvimento de autoridade religiosa e autoridade estatal?

Religião e ciência

A relação entre religião e ciência tem uma longa história na antropologia da religião. Em *O ramo de outro* (1890), James Frazer famosamente usou magia, religião e ciência como marcos para mostrar a evolução cultural progressiva das assim chamadas sociedades "primitivas" para as modernas. Mais etnograficamente, Bronislaw Malinowski argumentou em *Magia, ciência e religião e outros ensaios* (1948) que povos "primitivos" usavam a magia de formas muito racionais, empíricas e efetivas para organizar sua vida diária. O ensaio de Robin Horton sobre "African traditional thought e Western science" (Pensamento tradicional africano e ciência ocidental) (1967) dá seguimento à crítica de Malinowski sobre magia e religião como sistemas anti ou não racionais. Horton insiste em uma divisão fundamental entre religiões tradicionais e ciência moderna, com a primeira caracterizada por uma inconsciência de explicações concorrentes e uma ansiedade em torno da proteção de uma visão de mundo sagrada. Antropólogos evolucionários continuam a comparar religião e ciência como estruturas intelectuais (e. g., *Religion explained* (Religião explicada) (2001), de Pascal Boyer e *In Gods we trust* (Em Deus nós confiamos) (2002), de Scott Atran). E Bruno Latour (2005) argumenta em favor de uma recalibração antropológica: a de que a religião está preocupada com o aqui e agora, o visível, o concreto, enquanto a ciência trata do mundo transcendente, invisível. Em vez de ver religião e ciência como concorrendo ou se sobrepondo, Latour argumenta que "não há ponto de contato entre as duas, não mais que, digamos, rouxinóis e sapos têm para entrar em qualquer tipo de competição ecológica direta" (35).

Pensar sobre onde marcar as fronteiras epistemológicas e ontológicas entre religião e ciência não é nossa única opção. Podemos também estudar como religião e ciência estão culturalmente entremeadas, como interagem nos contextos sociais vividos. Dado o substancial poder econômico e político da ciência na Modernidade, uma questão etnográfica básica é como a autoridade científica impacta a autoridade religiosa. Uma vez mais, em quem vocês confiam?

A antropologia do criacionismo protestante é um caso exemplar de como religião e ciência são enquadradas como autoridades concorrentes. O termo "criacionismo" cobre uma série ampla de posicionamentos teológicos e culturais (SCOTT, 2004), mas o usamos nesta seção como abreviatura para uma variante particular de fundamentalismo cristão que é organizada por cinco compromissos. (1) A Bíblia cristã é considerada a perfeita "Palavra de Deus", ao fim e ao cabo, definitiva em relação a qualquer outra fonte sobre todos os temas (moral, cosmológico, histórico etc.). (2) Entes humanos são uma criação especial "criados à imagem de Deus", que exclui qualquer possibilidade de que humanos tenham evoluído de algum tipo de ancestral primata. (3) Uma leitura literal do primeiro livro da Bíblia, o Gênesis, revela que Deus criou o universo – incluindo a Terra, entes humanos, e o esqueleto da biodiversidade da Terra – em sua forma atual aproximadamente há 6.000 anos. Isso significa que humanos devem ter coexistido com cada animal para o qual há evidência fóssil, incluindo dinossauros. (4) Uma inundação universal que matou todos, menos oito pessoas, detalhada em Gn 6-9, foi um evento histórico real com implicações geológicas e biológicas. Geologicamente, o dilúvio de Noé é a base para a "geologia da inundação" criacionista, que é considerada para explicar as formações geológicas (e. g., o Grand Canyon do Arizona) e descobertas arqueológicas (e. g., a distribuição de fósseis). Biologicamente, a população global de hoje, em toda sua diversidade étnica e linguística, pode ser remontada aos três filhos de Noé: Shem, Ham e Jafé. (5) A autoridade bíblica está sob ameaça na modernidade. O antagonista básico é a ciência evolucionária, que os criacionistas acreditam estar inerentemente corrompendo e a causa raiz de muitos (senão da maioria!) dos problemas sociais e morais.

Embora o criacionismo seja um fenômeno global (COLEMAN & CARLIN, 2004), o movimento moderno nasceu nos Estados Unidos, e essa discussão tem em mente a forma cultural desse país. A genealogia intelectual do criacionismo remonta a Ellen White, a profetisa fundadora da denominação Adventista do Sétimo Dia. Em 1864, White publicou suas revelações divinas de uma criação de seis dias e da inundação de Noé. Um dos discípulos de White, George McCready Price, popularizou essa história literal do Gênesis em vários livros a partir de 1902. Na década de 1920, evangélicos influentes, como o pregador de circuito Billy Sunday, vinculou a ciência evolucionária com pragas como a eugenia nazista. No verão de 1925, o conflito ciência criacionista x ciência evolucionária se tornou notícia internacional, quando o famoso Processo Scopes julgou que um professor de Biologia do ensino secundário era culpado de ensinar evolução em uma escola pública do Tennessee. (Na época, o processo estabeleceu um recorde por produzir 2 milhões de palavras telegráficas!)

Embora os livros de McCready e o Processo Scopes tivessem galvanizado os criacionistas, o movimento só se cristalizou na década de 1960. Começou com a publicação de *The Genesis flood* (A inundação do Gênesis) por dois escritores fundamentalistas, seguida por uma série de casos monumentais da Suprema

Corte americana (proibindo prece em escolas públicas, barrando a leitura compulsória da Bíblia em salas de aula de escolas públicas e autorizando o ensino da ciência evolucionária em escolas públicas). O sucesso do movimento criacionista foi evidente na década de 1980, quando várias legislaturas estaduais introduziram projetos de lei que exigiam que professores de Ciência de escolas públicas dedicassem "tempo igual" para a ciência evolucionária e criacionismo. Na década de 1990, vários conselhos de escolas estaduais votaram para acrescentar observações e advertências a manuais de biologia, informando estudantes que existe uma "controvérsia científica" sobre as origens da vida na Terra (cf. NUMBERS (1992) para uma história detalhada do criacionismo moderno).

Em sua etnografia, *God's own cientists* (Os cientistas de Deus) (1994), o antropólogo Christopher Toumey analisa como um grupo seleto de criacionistas lida com a tensão entre autoridade religiosa e científica. Toumey entrevistou 51 criacionistas trabalhando em profissões nas ciências, basicamente ambientes de laboratório e médicos. Uma descoberta intrigante foi que criacionistas nesses contextos experienciaram pouca turbulência entre suas convicções religiosas e as operações diárias de condução de experimentos científicos. Toumey argumenta que como seu trabalho é basicamente removido dos debates teóricos da ciência convencional e questões de história natural, criacionistas que não estão nas linhas de frente do debate nacional podem se isentar do enquadramento do conflito religião-ciência.

A antropóloga Ella Butler examina um grupo diferente de criacionistas em artigo de 2010. Em "Deus está nos dados", ela analisa o Museu da Criação, que custou 30 milhões, que abriu no norte do Kentucky em 2007, e entrevista alguns dos indivíduos que planejaram o conteúdo do museu. Existem ao menos duas dúzias desses "museus da criação" ao longo dos Estados Unidos, mas o museu de Kentucky é sem dúvida o mais ambicioso. O museu foi construído por "Respostas no Gênesis", o maior ministério criacionista dos Estados Unidos fundado em 1994. Central ao trabalho do ministério e o museu é para demonstrar como "ciência da criação" e ciência evolucionária diferem em suas fontes de autoridade

("A Palavra de Deus *vs.* razão humana"), e como a "ciência biblicamente baseada" apoia os cinco compromissos dos criacionistas. Butler ilustra como o Museu da Criação usa linguagem, símbolos e tecnologia selecionados da ciência convencional para fortalecer a autoridade bíblica, ao mesmo tempo comunicando com o enquadramento de um "museu". Em uma perspectiva histórica, Respostas no Gênesis continua o trabalho dos primeiros evangelistas que planejaram produções culturais de mídia de massa para integrar as autoridades duais de fundamentalismo e ciência, como o Moody Institute of Science em 1945 (GILBERT, 1997).

Box 5.5 Saudável sagrado

Para continuar trabalhando com o envolvimento de autoridades religiosa e científica, podemos retornar a um exemplo etnográfico do capítulo 3: os israelitas hebreus africanos de Jerusalém (AHIJ). Esse movimento – que começou em Chicago na década de 1960 e está agora centrado em Dimona, Israel – alega ser uma das tribos perdidas dos hebreus bíblicos e, portanto, o povo escolhido de Deus. No capítulo 3, discutimos como a AHIJ usa o corpo como um lugar de disciplina religiosa, ou seja, por meio de sua invenção única da *soul food* vegana. O regime dietético da AHIJ, e, por sua vez, seu projeto de cultivar a santidade, envolve um apelo à autoridade científica (JACKSON, 2013).

Em 2009, a Agência de Desenvolvimento Hebreu-africana (um ramo de desenvolvimento do movimento israelita) foi associada com o Ministério da Saúde de Gana para ensinar um programa de "bem-estar regenerativo" às comunidades ganesas. De Chicago a Dimona, e então para Gana, a entrada do movimento no trabalho de desenvolvimento transnacional é baseada igualmente na escritura e alegações de legitimidade científica. Vocês mesmos, ou com colegas de classe, podem ouvir a AHIJ explicar seu projeto (http://africanhebrewisraelitesofjerusalem.com/?page_id=41).

Esses três vídeos (de 20min no total) são materiais promocionais produzidos pela AHIJ em apoio aos seus esforços de desenvolvimento ganeses. Após ouvir, considerem como a AHIJ integra autoridade religiosa com autoridade científica. Para ir adiante, vocês podem comparar como o envolvimento da AHIJ com a ciência se compara com o Museu da Criação do Respostas no Gênesis (http://creationmuseum.org/).

Coda

Os dois exemplos nesta seção, o Estado e a ciência, revelam como a autoridade religiosa é mantida em relação dinâmica com outras fontes de autoridade. Essa é uma observação crucial porque reconhece que a religião não existe em uma ilha isolada, separada do resto da vida social. Em vez disso, está sempre envolvida com outras instituições poderosas. Também não é incidental que ambos os exemplos têm associações profundas com a Modernidade. Isso nos leva de volta ao argumento de Taylor mencionado no início: a crença religiosa não é senão uma opção entre muitas para os modernos. Dito de outro modo: a voz religiosa não é a única voz que recebe a atenção das pessoas modernas. Etnograficamente, nossa atividade é nos dirigirmos ao centro desses envolvimentos, onde a autoridade religiosa e outras autoridades competem pela lealdade pública.

Certamente, os exemplos descritos aqui apenas arranham a superfície das possibilidades. Religiões estão envolvidas com muitas outras instituições modernas. Para irmos adiante, considerem o exemplar moderno do capitalismo global. Vocês podem começar com dois estudos de caso etnográficos, um do islamismo indonésio e o outro do cristianismo carismático no México. *Spiritual economies* (Economias espirituais) (2010) de Daromir Rudnyckyj e *Direct sales and direct faith in Latin America* (Vendas diretas e fé direta na América Latina) (2011) exploram como lógicas religiosas e capitalistas se fundiram nas instituições poderosas e vidas individuais. (Observem: ambos têm artigos representativos com os quais vocês podem começar (RUDNYCKYJ, 2009; CAHN, 2008).)

Sumário do capítulo

Neste capítulo, exploramos o problema da autoridade religiosa. No curso das vidas e mundos religiosos, em quem (e no quê) as pessoas confiam? Movimentos carismáticos, religiões profundamente institucionalizadas, escrituras, rituais, fala divina, cura xamânica, casamentos, museus e programas de saúde: todos expressam esse mesmo problema. Vimos ao longo do capítulo que a autoridade religiosa é ativamente reproduzida, negociada e contestada em meio aos processos sociais dinâmicos.

Nossa discussão seguiu duas linhas de investigação: as locações da autoridade religiosa, e os modos pelos quais a autoridade religiosa é mantida em diálogo com outras fontes de autoridade cultural. Ao fazermos isso, cobrimos uma série de exemplos etnográficos: xamãs tradicionais no Nepal e definições concorrentes de xamanismo autêntico no Equador ("Especialistas religiosos"); caminhantes do fogo ortodoxos gregos e mulheres pentecostais na Indiana ("Autoridade ritual"); a

Igreja Nativa Americana e o casamento celestial entre os mórmons fundamentalistas ("Religião e o Estado"); criacionistas da Terra jovem e os israelitas hebreus de Jerusalém ("Religião e ciência").

Por fim, espero que este capítulo excite seu interesse pela antropologia da religião de dois modos. Primeiro, os exemplos e noções teóricas reunidas aqui demonstram que a autoridade religiosa é, de fato, um problema empírico fundamental para o estudo etnográfico da religião. À primeira vista, podemos não encontrar uma ligação conceitual entre caminhar sobre o fogo e casamento celestial. Mas colocar a autoridade como um problema subjacente que os adeptos religiosos estão resolvendo nos permite conectá-los. Segundo, que outras formações culturais vocês veem emergindo do problema da autoridade religiosa? De que outro modo especialistas religiosos são investidos de confiança, responsabilidade e admiração? Que rituais permitem aos adeptos experienciarem, internalizarem ou questionarem a autoridade religiosa? E que outras fontes de autoridade cultural as religiões no mundo moderno devem empregar? Quanto mais acostumados estivermos com essas questões, mais robusta, inspiradora e produtiva é nossa prática da antropologia da religião.

Sugestões de leitura complementar

Junto aos trabalhos citados neste capítulo, considerem estes livros e ensaios como os próximos passos produtivos. Para dar seguimento a "O problema da autoridade", *The anthropology of religious charisma: ecstasies and institutions* (Palgrave Macmillan, 2013) reúne dez ensaios antropológicos que detalham o poder carismático. Para um exemplo etnográfico, há *Remembering the hacienda: religion, authority, and social change in highland Ecuador* (University of Texas Press, 2006), de Barry Lyons. Para prosseguir com "Situando a autoridade", uma etnografia sobre xamãs no centro da política transnacional é *Shamans, spirituality, and cultural revitalization: explorations in Siberia and beyond* (Palgrave Macmillan, 2011), de Marjorie Balzer. Para um estudo inovador sobre ritual, há *Ritual textuality: pattern and motion in performance* (Oxford University Press, 2014), de Matt Tomlinson. Para explorar mais "Autoridade em diálogo", *The modern spirit of Asia: the spiritual and the secular in China and India* (Princeton University Press, 2014), de Peter van der Veer, examina relações contestadas entre religiões e estados. Para uma etnografia histórica da religião em diálogo com a ciência, há *Spirits of Protestantism: medicine, healing, and liberal Christianity* (University of California Press, 2011), de Pamela Klassen.

6
Tornando-se global

A cada outubro, desde 2002, uma corrida de revezamento de aproximadamente 3.000 milhas começa na Basílica de Guadalupe na cidade do México. Construída em 1976, próximo ao Monte Tepeyac, a Basílica é o local religioso mais popular do México e um dos locais de peregrinação católica mais visitados do mundo. Para os seguidores, Tepeyac é o local onde a Virgem Maria apareceu a um camponês mexicano chamado Juan Diego em dezembro de 1531. O Papa Bento XIV reconheceu formalmente a aparição de Juan Diego como autêntica em 1754. A Virgem de Guadalupe é agora um símbolo nacional mexicano e um ícone do catolicismo global.

A corrida de revezamento termina em 12 de dezembro, dia da Festa de Nossa Senhora de Guadalupe, na Catedral St. Patrick em Manhattan. Corredores carregam uma tocha acesa, vestem camisetas em que se leem *Mensajeros por un pueblo dividido por la frontera* e seguram imagens da Virgem enquanto se dirigem para o nordeste em direção ao Texas, os pântanos da Louisiana, Mississippi, Alabama, Geórgia, Carolina do Sul, região do piemonte da Carolina do Norte, Virginia, Washington D.C., Maryland, Delaware, Pensilvânia, Nova Jersey e, finalmente, para Nova York. Ao longo do caminho, apoiadores saúdam os corredores, beijando ou tocando a tocha ou as imagens de Maria. Em Manhattan, milhares de apoiadores esperam com estátuas, pinturas, tatuagens, emblemas e joalheria de Maria para receber o corredor final. *La Antorcha Guadalupana* (A Corrida da Tocha Guadalupana) conecta a história e a atuação religiosa católicas com os debates políticos norte-americanos sobre direitos de imigração e cidadania, vínculos emocionais entre amigos e parentes, e os custos humanos do trabalho migrante, e outros fluxos transnacionais entre México e os Estados Unidos (GALVEZ, 2009).

Esse evento ritual nos lembra de um fato importante: a religião desempenhou um papel central na criação de redes globais e no cruzamento de fronteiras por um longo tempo. Pensem sobre os missionários cristãos e islâmicos, que conectaram lugares distantes ao cruzarem fronteiras nacionais, étnicas e linguísticas desde os séculos I e VII, respectivamente. Essa história profunda enquadra nosso problema de pesquisa final: que relação existe entre formações globais e mundos religiosos? Neste capítulo vamos explorar duas expressões desse problema: a identidade religiosa entre grupos diaspóricos e culturas religiosas transnacionais. Para começar, estabelecemos algumas orientações teóricas e metodológicas.

Globalização religiosa

Nossa discussão começa decompondo o termo mais central para a análise deste capítulo: "globalização". Estudos sobre globalização têm sido uma preocupação dominante para antropólogos culturais desde o começo da década de 1980. A fascinação antropológica por todas as coisas globais e transnacionais se origina de muitas fontes. Algumas fontes refletem questões antropológicas perenes, como o que ocorre quando diferentes culturas entram em contato. Outras fontes refletem padrões e questões que emergem de nosso mundo contemporâneo, como os destinos entrelaçados de grupos indígenas, ativistas humanitários, estados-nação e corporações multinacionais. De qualquer modo, a globalização se tornou um daqueles fenômenos inevitáveis que todos os antropólogos consideram uma parte de sua pesquisa.

Portanto, o que é globalização? Comparamos algumas definições abaixo (similares ao nosso trabalho no capítulo 1 com "religião"), mas muitas discussões sobre o termo começam com um sábio lembrete: o que agora chamamos "globalização" não é um fenômeno novo. Existem precedentes históricos substanciais. Podemos destacar o Comércio de Especiarias e a Rota da Seda que conectava a

China ao Mediterrâneo já em 3000 AEC. Vários séculos de colonialismo começaram na década de 1500, nos quais nações europeias ocidentais como Portugal, Espanha, Grã-Bretanha, os Países Baixos e a França exerceram poder (muitas vezes brutalmente) ao longo da Ásia, África e das Américas. E o contato colonial produziu outras formações globais, como a missionação, o comércio escravo transatlântico e a primeira corporação multinacional do mundo, a Companhia Holandesa das Índias Orientais (1602-1798) (WOLF, 1982).

Quando antropólogos contemporâneos falam sobre "globalização", reconhecemos essas raízes históricas profundas, mas nos referimos mais particularmente à era pós-Segunda Guerra Mundial e, ainda mais recentemente, à mudança que se espalhou pelo mundo da década de 1970 em diante. Essa mudança é usualmente denominada "neoliberalismo", que se refere a uma forma de capitalismo global que favorece o intercâmbio de livre-mercado, diminuição de regulamentações comerciais e aumento da privatização de indústria e serviços. Mas a globalização não deveria ser reduzida a uma ideologia político-econômica. Existem muitas formas de globalização cultural, incluindo exemplos como a difusão transnacional de hábitos alimentares, arte, música, dança, cinema, moda, esportes, entretenimento e, é claro, religião. É por isso que alguns estudiosos preferem o termo "transnacionalismo", porque destaca esses fluxos constantes de ida e volta sem a conotação neoliberal de "globalização" (LEWELLEN, 2002).

Assim, como a globalização foi definida por cientistas sociais como um fenômeno e um processo a ser estudado etnograficamente? A Tabela 6.1 apresenta vários exemplos representativos.

Tabela 6.1 Definições de "globalização" da ciência social

Definição	Fonte
A intensificação das relações sociais mundiais, que vinculam localidades distantes de um tal modo que acontecimentos locais são moldados por eventos que ocorrem a muita distância, e vice-versa.	Giddens (1990: 63)
A compreensão do mundo e a intensificação da consciência do mundo como um todo.	Robertson (1992: 8)

A criação de novas relações econômicas, financeiras, políticas, culturais e pessoais por meio das quais sociedades e nações entram em tipos de contato mais estreitos e novos entre si.	Waters (2001: 80)
O fluxo crescente de comércio, operações financeiras, cultura, ideias e pessoas produzido pela tecnologia sofisticada de comunicações e viagens e pela difusão global do capitalismo neoliberal e das adaptações locais e regionais e a resistência a esses fluxos.	Lewellen (2002: 7)
Uma intensificação da conectividade global [e] uma reorganização básica do tempo e do espaço.	Inda e Rosaldo (2002: 5)
Fluxos acelerados ou conexões intensificadas – através de fronteiras nacionais e outras – de mercadorias, pessoas, símbolos, tecnologia, imagens, informações e capital, assim como de desconexões, exclusões, marginalizações e disposições.	Edelman e Haugerud (2005: 2)
Condição pela qual pessoas, mercadorias e ideias literalmente cruzam – transgridem – fronteiras nacionais e não são identificadas com um único lugar de origem.	Watson (2006: 11)

Considerem cinco observações sobre essas sete definições. (1) Palavras como "intensificação", "aumento" e "acelerado" indicam um foco no processo de força acumuladora. Existe uma noção de que a globalização tem inércia, que é experienciada nas vidas diárias das pessoas. (2) Várias definições enfatizam a existência de "fluxos" que cruzam diferentes tipos de fronteiras. Fluxo conota movimento e circulação constantes, o que é central para uma das estruturas mais amplamente citadas para estudar a globalização. O modelo de cenários transnacional esboçado por Arjun Appadurai (1996) identifica uma série de fluxos em interseção que moldam a vida contemporânea: povos (etnocenários), tecnologia (tecnocenários), sistema financeiro (financiocenários), mídia (midiacenários) e ideias (ideocenários). (3) Palavras como "compressão" e "reorganização" sugerem que houve transformações no modo das pessoas modernas se relacionarem com tempo e espaço. O mundo pode parecer menor, as mudanças sociais podem parecer ocorrer em um ritmo mais rápido e vínculos com o lugar podem experienciar rupturas drásticas. (Aqui, vocês poderiam revisitar o capítulo 4 e considerar os vínculos analíticos estreitos entre esses dois capítulos.) (4) Há uma ênfase nas "relações" ou "conectividade" dos locais e dos não locais. Essa é uma experiência social na medida em que grupos locais e grupos não locais se encontram e desenvolvem vínculos um com o outro. É também psicológico e afetivo; há uma "consciência" alterada sobre o que significa viver como parte desse mundo local/não localmente conectado. E (5), muitas dessas sete definições destacam agência e poder. Antropólogos entendem que a globalização deve ser definida por estratégias humanas de adaptação e resistência, assim como de exclusão, marginalização e outras experiências de injustiça.

Etnocenários encontram sacrocenários

Globalização é o mar do século XXI no qual nadamos, como estudiosos e como pessoas no mundo. Como podemos conceitualizar as relações que existem entre dinâmica global e mundos religiosos? Um modelo vem de Thomas Tweed (2006), um historiador e etnógrafo das religiões americanas. Tweed detalha a noção de "-cenários" de Appadurai e sugere que pensemos em termos de "sacrocenários". Ele escreve que as religiões "se movem ao longo do tempo. Elas não são estáticas. E têm efeitos. Deixam traços. Deixam rastos" (62). Pensar em termos de sacrocenários significa que pensamos em termos dos "múltiplos modos pelos quais os fluxos religiosos deixam traços, transformando pessoas e lugares, a arena social e o terreno natural" (ibid.). Para Tweed, essa abordagem emergiu de seu trabalho de campo com católicos cubanos que migraram para Miami logo após a Revolução Cubana da década de 1950. Compreender o catolicismo americano cubano significava focar temas de sacrocenários: fluxos transnacionais de fé assim como de pessoas, de crença assim como de dinheiro, de ritual assim como de cidadania. Elizabeth McAlister (2005), uma etnógrafa de religiões haitianas, propôs uma abordagem similar. Ela argumenta que há uma relação importante entre religião e as variedades de etnocenários em nosso mundo contemporâneo: migração a trabalho, deslocamento forçado e exílio. Tweed e McAlister exploram o conceito antropológico de holismo enfatizando os vínculos importantes entre religião e outros processos sociais (ou seja, mudanças econômicas e políticas).

Quando as pessoas atravessam fronteiras, o que torna a religião algo bom para levar na viagem? O antropólogo Paul Johnson (2012) destaca duas razões.

Primeiro, migrantes podem "levar a religião com eles mais facilmente" (95) do que outros aspectos do eu e da comunidade que são mais difíceis de lidar e transportar. Segundo, a religião "adquire um peso particular como uma âncora de identidade e distinção coletiva" (ibid.) em meio à natureza em deslocadora da mobilidade transnacional. A migração tende a tirar da religião a habilidade de facilitar o pertencimento social e afetivo. Alguns dos exemplos que exploramos abaixo destacam essas qualidades boas para serem levadas na viagem da religião, mas a mobilidade transnacional pode também ser perturbadora para a identidade religiosa. Em outros exemplos abaixo, os fluxos que caracterizam sacrocenários confrontam adeptos com questões sobre autenticidade. Isso é especialmente verdadeiro quando a religião é definitivamente associada ao lugar de origem. "Fazer religião *aqui* é o mesmo que fazer *lá*?" Enquanto vocês consideram os exemplos etnográficos apresentados ao longo deste capítulo, perguntem quando as duas razões de Johnson são evidentes, se alguma outra razão se torna visível e como grupos começam a resolver questões sobre autenticidade.

O antropólogo Thomas Csordas (2009) também propôs uma estrutura útil para dar sentido à globalização religiosa. Para Csordas, as religiões foram bem-sucedidas em se globalizar quando cultivaram duas qualidades: "prática portável" e "mensagem transladável". A portabilidade se refere a "ritos que podem ser facilmente aprendidos, exigem relativamente pouco conhecimento esotérico ou parafernália, não são tidos como exclusivos ou necessariamente vinculados a um contexto cultural específico" (4). Em outras palavras, quanto mais fácil de executar são os rituais que são importantes para a vida religiosa, maior a probabilidade de que a religião prospere em múltiplos lugares. Por outro lado, a transladabilidade tem a ver com "a base de apelo contido nos preceitos, premissas e promessas religiosos [estabelecendo uma] base em diversos contextos linguísticos e culturais" (5). Em outras palavras, quão duráveis são as suposições religiosas centrais quando são traduzidas em novos contextos? (Aqui, a "base de apelo" de Csordas expressa o problema da autoridade religiosa discutido no capítulo 5.) Enquanto vocês consideram os exemplos etnográficos abaixo, considerem como essas qualidades de portabilidade e transladabilidade estão em funcionamento.

Box 6.1 A Corrida da Tocha Guadalupana como sacrocenário

Abrimos este capítulo com um exemplo: A Virgem de Guadalupe no centro de um ritual transnacional. Vocês mesmos, ou com colegas de classe, podem usar esse exemplo para refletir sobre os termos-chave, temas e questões desta seção introdutória.

• Em nossa revisão das definições observamos que a globalização é um processo que: tem inércia, é marcado por fluxos, condensa tempo e espaço, eleva a conectividade e revela dinâmicas de agência e poder. Como esses recorrem à nossa compreensão da Corrida da Tocha Guadalupana?

• Com a noção de sacrocenários, Tweed enfatiza como fluxos religiosos transformam indivíduos, comunidades, contextos sociais e lugares. Como isso é verdadeiro para a Corrida da Tocha Guadalupana?

• Seguindo Johnson (2012), a religião tem capacidades adaptativas em meio a formações globais que podem muitas vezes ser perturbadoras e desafiadoras. Para a Corrida da Tocha Guadalupana, por que a religião é um bom recurso para executar o ativismo transnacional?

• Considerem outro conceito útil. Em um artigo de 2006, antropólogos compararam dados etnográficos de migrantes nigerianos em duas cidades: Halle, na Alemanha, e Manchester, em New Hampshire (GLICK-SCHILLER et al., 2006). Eles argumentam que todos os migrantes enfrentam o problema da "incorporação": construir novas redes sociais em novos lugares que produzirão sentimentos de afiliação, pertencimento e formas intercambiáveis de capital social. Nesse exemplo, migrantes nigerianos dependem de congregações protestantes locais para se incorporar, com contrastes com a expectativa de que migrantes dependem basicamente de redes baseadas em etnia. Como a Corrida da Tocha Guadalupana pode ajudar a incorporação de migrantes mexicanos nos Estados Unidos?

Religião na diáspora

Nesta seção examinamos uma expressão da globalização religiosa: praticar religião em diáspora. Quatro características definem grupos diaspóricos: dispersão de um lugar de origem, manutenção de vínculos com o lugar de origem e uma experiência contínua de diferença com o novo lugar de pertencimento (JOHNSON, 2007). Fundamentalmente, portanto, diásporas têm a ver com uma relação com múltiplos lugares. As conexões lembradas e continuadas com um lugar de origem e as tensões de ajuste a um novo lar estimulam "uma dupla consciência" em relação ao lugar que é "ativamente conjurado" (JOHNSON, 2007: 31). Que papel a religião pode desempenhar nessa dupla consciência?

Em sua etnografia comparativa sobre a religião garifuna no lugar de origem (no litoral de Honduras) e na diáspora (na cidade de Nova York), Paul Johnson (2007) argumenta que a religião diaspórica é um tipo específico de cultura religiosa. Tweed (1997), em seu estudo sobre os católicos cubanos de Miami, também argumenta que a religião diaspórica é distinta porque é "translocativa" e "transtemporal". O que ele quer dizer com isso é que identidade e prática religiosas forjam conexões entre lares antigos e novos assim como passados lembrados e futuros imaginados. (Uma vez mais, considerem como as lições que discutimos no capítulo 4 ajudam nosso trabalho neste capítulo.) Religiões diaspóricas são também distintas pelo modo de confrontarem o problema da continuidade através das gerações. Crianças de migrantes podem ser menos inclinadas a seguir a tradição de seus pais; por vezes porque existem novas opções religiosas disponíveis e outras vezes porque filhos migrantes experienciam a marginalização de serem um Outro marcado na sociedade. Mas esse sentimento de Outridade pode funcionar em ambos os sentidos, provocando alguns a quererem distância da religião de seus pais e outros a colocar valor renovado no pertencimento religioso tradicional. Por exemplo, na diáspora judaica a "dispersão não foi meramente uma perda, mas também uma grande fonte de vitalidade" (JOHNSON, 2012: 42). Tudo isso ajuda a articular uma questão que vocês podem considerar ao longo desta seção: De que formas a religião diaspórica é uma forma distinta de identidade e prática religiosas?

Hinduísmo na diáspora

O hinduísmo é um excelente exemplo para pensarmos sobre a religião diaspórica porque um lugar particular, a Índia, é integral para essa tradição religiosa. As principais escrituras hindus – os *Vedas* e os *Upanishads* – foram compostas no lugar ancestral de origem do Vale do Indo entre 1500 e 500 A.E.C. O subcontinente indiano é lar de muitos locais de peregrinação (tempos e cidades sagradas). E a Índia moderna é lar de aproximadamente 886 milhões de hindus, sem dúvida, a maior concentração em qualquer nação. Distinções como "Índia contemporânea" são importantes porque existem ideias concorrentes entre hindus quanto a onde exatamente o lugar de origem espiritual está situado. É o Vale do Indo inteiro? É a Índia colonial britânica (1858-1947), que inclui Paquistão, Bangladesh e Sri Lanka? Ou é o Estado-nação moderno da Índia pós-colonial?

Vineeta Sinha (2011), em uma etnografia dos hindus vivendo em Singapura e na Malásia, afirma a importância da Índia para essa religião diaspórica: "Estabelecer o 'hinduísmo' no cenário mitológico, cultural e físico da Índia significa que a Índia, como o 'lar do hinduísmo', tem uma presença iminente na consciência diaspórica hindu, mesmo que o 'mito do retorno futuro' esteja ausente" (25). Em 2011, havia aproximadamente 69 milhões de hindus vivendo fora da Índia (apenas 3.100 na Suécia e cerca de 500.000 na África do Sul). A dispersão global de hindus se deve a dois períodos de migração separados, e no restante desta seção vamos considerar um exemplo etnográfico de cada migração. O primeiro período data da década de 1830, quando hindus de casta inferior foram transportados para locais distantes como as ilhas caribenhas para trabalhar como servos em fazendas agrícolas. A segunda onda de migração hindu ocorreu após a independência da Índia da Grã-Bretanha. Diferente da onda anterior de trabalhadores agrícolas, os migrantes pós-1947 são tipicamente bem-formados, falam o inglês como primeira língua e são bem-versados na estética e valores do cosmopolitismo global.

Primeira migração: Maurício

Nosso primeiro exemplo vem de Maurício, uma ilha no Oceano Índico, cerca de 500 milhas ao leste de Madagascar. Lá, o antropólogo linguista Patrick Eisenlohr fez um trabalho de campo com uma população local de hindus indianos que descendem de servos levados para trabalhar nas plantações de açúcar pelos colonizadores britânicos no começo de 1834.

Em sua etnografia, *Little India* (Pequena Índia) (2006), Eisenlohr descreve Maurício como uma nação multiétnica dominada por indianos. Quase 70% do 1,2 milhão de pessoas do país são de origem sul-asiática, 52% das quais são hindus e o resto muçulmanos. Os restantes 30% de mauricianos são uma mistura de creoles africanos e pequenas minorias de chineses e franceses. Isso torna Maurício única entre outras diásporas indianas porque em muitos contextos (e. g., Guiana, Trinidad, Fiji, África do Sul) os indianos são "confrontados por uma identidade nacional hegemônica tendendo para sua exclusão" (EISENLOHR,

2006: 28). Dado esse panorama demográfico, Eisenlohr argumenta que os hindus mantêm sua tradição religiosa nessa diáspora particular basicamente por meio de práticas linguísticas.

Pequena Índia ativa um enigma que parece confundir à primeira vista. O inglês é a língua oficial do governo e da educação pública, um resquício do governo colonial britânico que durou até 1968. Contudo, o inglês raramente é usado fora desses ambientes institucionais formais. O francês domina como língua da economia do setor privado, mídia impressa e televisão e rádio sediados em Maurício. O bhojpuri, uma língua do norte da Índia, é usada na conversação diária por 20-25% da população, mas sempre bilingualmente com uma segunda língua. A língua dominante da vida diária, a língua conhecida por todos os maurícianos, é o creole maurício. Essa língua evoluiu da mistura de escravos africanos e colonizadores franceses entre 1715 e 1810. O enigma é este: se creole, bhojpuri, francês e inglês são as línguas em uso de fato em Maurício, por que o Estado fornece apoio financeiro e político para ensinar e promover o hindi, uma língua indiana "jamais usada na vida diária"? (31)

A resposta é o que Eisenlohr chama "nacionalismo etnolinguístico": o uso da língua como um símbolo para pertencimento, domínio e, por fim, pureza cultural. No caso de Maurício, o hindi fornece uma conexão durável com a pátria indiana e é tratado como uma "língua ancestral". Onde, portanto, o hindi é encontrado na vida mauriciana? É basicamente usado em rituais hindus: sermões e cultos em templos, festivais e eventos devocionais celebrados nos lares. O hindi também é ensinado aos alunos de origem norte-indiana em escolas estatais em cada nível e em cursos suplementares que frequentam uma vez na semana. Há uma programação em hindo na mídia de massa controlada pelo Estado. E o Estado subsidia organizações hindus e centros culturais indianos que promovem o hindi. Eisenlohr argumenta que "a língua ancestral emerge como um elemento-chave na invenção de culturas ancestrais diaspóricas oficiais" (6).

Parte desse enigma ainda perdura. De onde vem a vontade política que mantém o Estado profundamente comprometido com o hindi? Afinal, somente uma pequena maioria (52%) é de indianos hindus. A resposta é a presença e influência políticas de "uma rede nacionalista hindu complexa e densa" (36) em Maurício. Nacionalistas hindus promovem uma ideologia de *hindutva* ("hindu-idade"), que vê a Índia como uma nação legitimamente hindu e é altamente crítica à adoção pela Índia da modernidade secular e do pluralismo religioso (cf. capítulos 2 e 4 para outros exemplos de nacionalismo hindu). As raízes da *hindutva* remontam ao final da década de 1800, quando os hindus antimuçulmanos e antibritânicos lutaram pela independência. Nacionalistas hindus vêm a língua ancestral como um recurso insubstituível: "Cultivar o hindi entre os hindus falantes do creole é considerado torná-los hindus melhores e mais comprometidos na diáspora" (46). Assim, no caso dos indianos hindus vivendo em Maurício, o hinduísmo diaspórico está vinculado à vitalidade linguística do hindi. Observem quão bem esse exemplo ilustra as interconexões holísticas entre religião, língua, sentimento de nação (*nationhood*), pertencimento, história de migração e identidade étnica.

Segunda migração: Washington, D.C.

Nosso segundo exemplo nos leva a Washington, D.C., onde a segunda onda global de migração indiana criou uma comunidade de aproximadamente 40.000 hindus. No contexto americano, a migração pós-1947 se combinou a uma lei federal de 1965, que abolia um sistema de quotas para quantos migrantes asiáticos podiam entrar nos Estados Unidos (um sistema que estava vigorando desde a aprovação de uma lei federal de 1924). O resultado é uma grande diáspora indiana que é falante do inglês, basicamente urbana e com boa formação. No subúrbio do D.C. de Lanham, Maryland, a historiadora e etnógrafa Joanne Waghorne (1999) fez um trabalho de campo no Templo Sri Siva-Vishnu (TSSV). Situado em 14 acres de terra suburbana, esse é um dos maiores templos hindus dos Estados Unidos. Sacerdotes hindus que vivem ao longo dos Estados Unidos se reuniram pela primeira vez em Lanham para consagrar o TSSV em 1990. Um complexo de muitos milhões de dólares, o TSSV reflete a demografia da classe média e em ascensão da maioria dos migrantes indianos pós-1947.

Conduzir um trabalho de campo em um templo hindu é uma decisão etnográfica sábia, uma vez que templos são locais importantes para compreender o hinduísmo diaspórico. A razão é que os deuses hindus "vivem nos templos" (WAGHORNE, 1999: 105) através de um processo de consagração especializado. "Rituais *pranapratistha* de quatro dias 'colocam' (*pratistha*) o 'sopro da vida' (*prana*) na escultura de pedra [de um deus], transformando [a escultura] de uma obra de arte em uma incorporação visível de um deus" (112). Uma vez que os ícones do templo foram transformados, devem ser regularmente providos com oferendas. Isso assegura uma presença constante de devotos nos locais de templos. Essa presença serve como uma parte fundacional da devoção hindu, que está fundada em uma relação ativa entre devotos e deidades (*darshana*). Por meio de sua pesquisa, Waghorne descobriu que as práticas nos templos nos Estados Unidos diferiam daquelas na Índia, revelando uma forma de mudança religiosa na diáspora.

"Templos tradicionais no sul da Índia muitas vezes abrigam várias deidades" (118), mas a quantidade de diversidade de deidades no TSSV é sem precedentes na terra natal. Devotos da área do D.C. "escolheram construir um templo que unisse as duas maiores tradições hindus, Vixnuísmo e Xivaísmo, 'sob o mesmo teto' [...]. Assim, os deuses Xiva e Vixnu são ambos abrigados em seus próprios santuários" (117). Os consultantes de Waghorne lhe explicaram que a arquitetura do templo foi precisamente projetada para "equilibrar as duas forças cósmicas incorporadas" (ibid.) nesses dois deuses. Como Eisenlohr, Waghorne confrontou um enigma. Em seu caso, a despeito do grande esforço para estabelecer um hinduísmo unido, o desenho do templo criou uma estrita "separação entre sagrado e secular" (118). Os dois principais níveis do TSSV foram divididos de acordo com práticas marcadas como de natureza "social" e "ritual". "Música, comer, trabalho de escritório e educação são agora funções 'do andar de baixo', enquanto o andar de cima está reservado para os rituais e cerimônias sagrados" (ibid.). Waghorne argumenta que essa lógica da divisão é inconsistente com o hinduísmo tradicional e muito consistente com uma noção americana popular de que a religião é distinta de outros aspectos da vida (e. g., trabalho, lazer, política).

Se o exemplo de Wisenlohr nos mostra um caso no qual o hinduísmo diaspórico busca estabelecer uma conexão imutável com a terra natal (por meio da língua), o exemplo de Qaghorne nos mostra um caso no qual o hinduísmo diaspórico adapta a prática religiosa da terra natal (a construção do templo) a um novo contexto cultural. Em seu caso, a religião na diáspora experienciou algumas mudanças, que ela compreendeu por meio de uma análise da arquitetura, materialidade e da interação dos devotos com o ambiente construído.

Box 6.2 O islamismo francês como religião diaspórica

Nesta seção, comparamos dois exemplos de hinduísmo diaspórico. Com esse fundamento, vocês podem considerar um exemplo diferente e fazer vocês mesmos uma análise. Para esse exercício, reflitam sobre o estudo de caso de muçulmanos norte-africanos vivendo na França.

Em 27 de outubro de 2005, uma revolta civil irrompeu em Paris, no Cluchy-sous-Bois, um *banlieue* parisiense da zona leste (uma área residencial de alta densidade e baixa renda), espalhando-se a outras cidades francesas como Lyon e Toulouse. A insurreição continuou por três semanas: milhares de carros e prédios foram queimados, mais de 100 pessoas feridas, aproximadamente 3.000 foram presas e o dano estimado foi de 20 milhões de euros. A gota d'água em 27 de outubro foi a morte de dois adolescentes, mas as tensões se intensificavam por anos. Os *banlieues* são lar de desemprego desenfreado, pobreza, acusações de brutalidade policial e muitos, incluindo Cluchy-sous-Bois, são comunidades de maioria migrante.

Muitos desses migrantes são norte-africanos (argelinos, marroquinos e tunisianos), o que significa que compartilham uma história colonial com a França. Marrocos e Tunísia foram estados protegidos da França até 1956, e a Argélia foi uma colônia francesa de 1830 a 1962. Para ajudar a reconstruir as devastações da Segunda Guerra Mundial, o governo e a indústria franceses importaram força de trabalho masculina da Argélia colonial. Como resultado desse passado compartilhado, migrantes norte-africanos na França têm um sentimento de pertencimento (e. g., o francês é a primeira língua para a maioria) e um sentimento de exclusão e discriminação como um Outro social marcado. Junto às suas diferenças étnicas, nacionais e de classe da maioria da população, muitos migrantes norte-africanos são muçulmanos. A França não mantém um censo religioso, mas há uma estimativa de 4 a 5 milhões de muçulmanos no país, 60-70% dos quais são migrantes (BOWEN, 2004).

As revoltas de 2005 *não* foram religiosamente motivadas; tiveram a ver com marginalização social e econômica. Mas parte da experiência de exclusão dos norte-africanos na França deriva de sua identidade religiosa. O secularismo francês (*laïcité*) é a ideologia política reinante, que se traduz a normas culturais mais amplas que favorecem a privatização da religião. Com o aumento de sua presença na França, os muçulmanos norte-africanos tiveram de negociar sua devoção com expectativas seculares. Escolas públicas francesas emergiram como a arena mais visível para essa negociação. Em particular, estudantes muçulmanas mulheres foram solicitadas a remover seus véus (um símbolo de gênero de devoção e modéstia) porque eles violam princípios de *laïcité*. A primeira controvérsia escolar ocorreu no norte da França em 1989, e em 2004 uma lei do interior foi aprovada banindo símbolos religiosos "ostentatórios" em contextos públicos (junto à *hijab* muçulmana isso inclui quipás judaicos e turbantes siques) (BOWEN, 2004). Como ocorre com o exemplo dos hindus em Maurício e em Washington, D.C., histórias de migração importam enormemente para compreender esse caso de religião diaspórica.

Esse ambiente de véus banidos e revolta cria o pano de fundo social para a vida diária entre muçulmanos norte-africanos na França. Para ajudar sua compreensão do islamismo diaspórico na França, façam uma análise comparativa da cobertura midiática das revoltas de 2005. Usando o mecanismo de busca na internet, descubram dez textos midiáticos (notícias, entrevistas, vídeos) sobre as revoltas de ao menos duas nações diferentes (e. g., Estados Unidos, Grã-Bretanha, Camarões). Quando vocês tiverem seu cache de dados de textos midiáticos, considerem as seguintes questões:

- Como esses relatos se comparam?
- As revoltas são enquadradas diferentemente na mídia nacional?
- A quem é atribuída agência nas revoltas e a quem não é? Que tipo de agência é atribuída?
- Como são representados os imigrantes como um grupo e a migração como um processo?
- Como o islamismo é representado?
- Considerados juntos, como essa análise da mídia ajuda vocês a entenderem a religião diaspórica?

Religião transnacional

A religião diaspórica é uma expressão do problema da globalização religiosa. Nesta seção, adotamos uma segunda expressão: as religiões que existem transnacionalmente. O que distingue uma religião que garantiu com sucesso uma presença transnacional? Primeiro, elas operam por meio de redes transnacionais e (em alguns casos) líderes carismáticos. Essas redes conectam indivíduos e grupos que estão separados geograficamente, assegurando uma circulação constante de conteúdo cultural e permitindo com que pessoas se vejam como parte de uma comunidade religiosa global. Segundo, religiões transnacionais são continuamente localizadas. Quando entram em novos lugares, as comunidades locais envolvem as religiões transnacionais de vários modos; de conversão em massa a seletivamente resistir, questionar e adaptar elementos do sistema religioso. O processo de localização é especialmente revelador porque reitera uma questão central de estudos sobre globalização: um mundo globalizado é o do aumento da mesmidade ou da fragmentação?

Para ilustrar uma dinâmica de religião transnacional, vamos considerar o caso do rastafarianismo ter se tornado global. Enquanto trabalhamos por meio de dois exemplos etnográficos, vocês podem retornar a algumas questões levantadas por essa breve introdução. Que elementos de uma rede transnacional são visíveis (instituições, mídia, símbolos, líderes carismáticos) e que tipos de conteúdo cultural estão sendo circulados? Como a consciência de ser parte de uma comunidade religiosa global impacta identidade e prática religiosas? Quais são os mecanismos de localização? E como o processo de localização se desdobra; há mudança, continuidade, tensão entre o local e a rede transnacional?

Os rastas globais

De seu início em 1931, nas favelas economicamente perturbadas da Ilha de Kingstom, na Jamaica, o rastafarianismo se tornou uma religião global em menos de meio século. Poderíamos inclusive dizer que o rastafari foi sempre predestinado a ser um movimento religioso transnacional porque uma de suas doutrinas organizadoras é a repatriação para a alegada terra natal da Etiópia.

Fora da Jamaica, o rastafarianismo progrediu em outras ilhas caribenhas. A crítica direta dos rastas ao capitalismo, exploração e opressão racial ressoou entre ex-nações colonizadas e "sociedades caribenhas neoliberais corruptas e ineficientes" (SAVISHINSKY, 1994: 262). Em alguns casos, os rastas estiveram nas linhas de frente da revolta social e política caribenha; como a participação de mais de 400 rastas na Marcha de 1979 para a deposição do governo de Granada. O rastafarianismo foca a unidade racial pan-africana, e devido a isso emergiu como "uma das forças culturais pan-regionais, mas visíveis, potentes e progressistas... destruindo as muitas rivalidades interilhas e interétnicas que haviam polarizado [os caribenhos] por séculos" (263).

Entre 1955 e 1962, cerca de 200.000 jamaicanos imigraram para a Grã--Bretanha, muitos dos quais levando seu rastafarianismo consigo (265). Em ao menos duas ocasiões, 1958 e 1981, revoltas raciais em cidades britânicas produziram um rápido crescimento nas comunidades rasta. Ao final da década de 1970, havia comunidades rastas prosperando em outros grandes centros urbanos europeus, incluindo Birmingham, Amsterdã e Paris. Fora da Europa Ocidental, comunidades rastas haviam estado na Etiópia, Gana, Serra Leoa, Nigéria, Zimbábue, África do Sul, Austrália e Nova Zelândia desde o começo da década de 1970.

Aqui, temos outro enigma: Como explicamos o sucesso global de um movimento que é de origem recente, motivado por dilemas raciais, de organização grupal notoriamente informal e popular entre grupos marginalizados com poucos recursos para mobilizar? Em uma revisão do rastafarianismo global, o antropólogo Neil Savishinsky (1994) oferece seis razões, várias das quais lembram a máxima da "transladabilidade" de Csordas:

- o papel central da Bíblia cristã confere familiaridade ao movimento;
- enfatizar nutrição e medicina naturais ressoa com vários movimentos de saúde;
- a crítica veemente às desigualdades coloniais e pós-coloniais atrai outros grupos marginalizados e aqueles favoráveis a essa crítica;
- a veneração de ancestrais africanos e indígenas apela aos não brancos;
- a organização de grupo informal é na verdade útil para difundir o movimento porque permite uma grande flexibilidade ao localizar;
- e o rastafarianismo viaja com outras formas de cultura popular transnacional (ou seja, a música do ícone global Bob Marley).

Savishinsky coloca o maior peso nessa última razão: "foi o *reggae* que funcionou como o catalisador básico para difundir a religião e a cultura rastafari além de sua ilha de origem" (261). Podemos acrescentar duas outras razões à lista de Savishinsky:

- as mudanças locais, regionais e globais que impactaram negativamente as economias nacionais na África e no Caribe produziram ondas contínuas de emigrantes;
- o sistema de símbolos altamente portável usado pelos rasta, incluindo figuras de leão, *dreadlocks*, combinações de cores vermelho-verde-ouro e imagens de Haile Selassie e Bob Marley (lembram a máxima da "portabilidade" de Csordas).

Considere as seis razões de Savishinsky, bem como essas duas, enquanto olhamos atentamente para dois estudos de caso do rastafarianismo global.

Os rastas do Brooklin

Começamos na cidade de Nova York, com a Igreja de Haile Selassie I (IHSI). Esse exemplo vem do trabalho de Randal Hepner (1998), um sociólogo e etnógrafo das religiões americanas. A IHSI iniciou com Abuna (Pai) Asento Foxe, que começou como líder rastafari carismático na década de 1950. Nascido na Kingston da era da Depressão, Foxe se mudou para a Inglaterra em 1955 e começou a primeira comunidade rasta em Londres em seguida às revoltas raciais de Notting Hill em 1958. Em 1974, um golpe militar depôs a monarquia etíope e levou à prisão e morte (Foxe diria "assassinato") de Haile Selassie. Como interpretar esse golpe se tornou imediatamente um ponto divisivo entre rasta. Alguns, como Foxe, acreditavam que o golpe fosse antitético à visão de mundo e aspirações rastafaris, e formalmente denunciavam o novo regime etíope. Foxe retornou à Jamaica onde "se converteu em um prolífico compositor de diatribes rastas publicadas com cartas ao editor nos principais jornais da Jamaica" (HEPNER, 1998: 206). Em muitas dessas críticas, Foxe visava a outras comunidades rastas por não se juntarem a ele na denúncia ao golpe contra Selassie.

Ao longo da década de 1970 e começo da década de 1980, Foxe se reuniu com outros rastas afins. Em 1987, fundou a primeira IHSI em Kingston. Em 1990, mudou-se para a cidade de Nova York e em 1994 iniciou o braço norte-americano da IHSI no bairro do Brooklin de Bedford-Stuyvesant (Bed-Stuy), lar de muitos migrantes do oeste da Índia. Durante o trabalho de campo de Hepner, a afiliação à Igreja foi constante, mas transiente e refletia a composição demográfica do bairro: uma mistura de afro-caribenhos (de Trinidad, Barbados, Granada, Guiana, Haiti e St. Lucia), porto-riquenhos, afro-americanos e alguns brancos.

Nessa localização norte-americana, Hepner observou várias mudanças importantes em relação ao rastafarianismo tradicional. Primeiro, na formação como uma congregação a IHSI adotou a forma institucional básica da vida religiosa norte-americana. Ser organizada congregacionalmente é marcadamente diferente do padrão amplamente informal e descentralizado que havia historicamente caracterizado as comunidades rasta. Segundo, o movimento rastafari foca tradicionalmente as comunidades afrodescendentes e a repatriação (literal e simbólica) para a Etiópia. A IHSI diverge em ser uma organização evangelizadora com uma consciência global. Isso é expresso de vários modos. Junto à cidade de Nova York, Foxe enviou líderes rastas para começar braços da IHSI em Londres, Paris, Países Baixos e St. Lucia. Essa abordagem missionante inclui "treinamento" de novos líderes, uma prática que é estranha entre rastafaris tradicionais que "desdenhavam os ministros cristãos profissionais e o próprio conceito de um 'sacerdote instruído'" (HEPNER, 1998: 209). Foxe também liderou esforços evangelizadores na América do Norte, mais visivelmente ao começar um serviço espiritual em prisões no qual é um capelão pago do Sistema Correcional do Estado de Nova York. A terceira maior mudança pertence aos papéis de gênero. Desde as primeiras descrições dos rastas pela ciência social na década de 1960, o movimento foi rotulado como patriarcal, focando os homens a tal ponto que as mulheres eram consideradas "periféricas" (216). Na vida da IHSI, isso parece estar mudando, uma vez que "irmãs... enfatizam a necessidade de as mulheres assumirem a responsabilidade por seu próprio desenvolvimento espiritual e educacional" (215). Um modo de as mulheres marcarem essa mudança de *status* em ambientes públicos é por meio da nomeação. Termo tradicional de gênero, "mulher rasta" é explicitamente substituído por "Irmã de Sião" como uma crítica à subordinação feminina e um empoderamento da legitimação feminina arraigada na escritura.

Os rastas japoneses

Do Brooklin, vamos ao Japão, com a etnografia de Marvin Sterling, *Babylon East* (Leste da Babilônia) (2010). Sterling fez um trabalho de campo com homens e mulheres japoneses que entremeavam várias formas de cultura popular jamaicana às suas vidas musicais e espirituais. Entre elas, Sterling encontrou uma rede rasta pequena, mas vibrante. Encontrar rastas japoneses é um testemunho profundo à capacidade globalizadora dessa religião porque vemos um movimento afrocêntrico sendo assumido por não africanos (sem falar de um movimento caribenho sendo assumido no Extremo Oriente). Como Savishinsky, Sterling argumenta que o rastafarianismo transcende diferenças étnicas porque apela às preocupações morais e espirituais sobre alienação e opressão que se estendem além da identidade racial.

De 5 a 13 de abril de 1979, Bob Marley e os Wailers fizeram cinco concertos em Tóquio e dois em Osaka. Foi a primeira e única viagem do grupo ao Japão. Esse evento, que continua vivo como "legendário" (STERLING, 2010: 10) na memória coletiva dos fãs, foi um catalisador tanto para adeptos do *reggae* como para praticantes do rasta. Entre os últimos, Sterling descobriu através de seu trabalho de campo que há uma grande divisão em como o rastafarianismo se localizou no Japão: existem grandes diferenças entre praticantes urbanos e rurais. Os rastas urbanos do Japão espelham estreitamente nossas noções icônicas de rastafarianismo: eles enfatizam os perigos da Babilônia (viva no Oriente japonês e no exterior no Ocidente), dos regimes coloniais e pós-coloniais de exploração, das desigualdades de classe e dos perigos espirituais do capitalismo consumista. Quando Sterling nos leva à sala de um Dread de 37 anos, chamado Taz, estamos em uma cena familiar aos rastas ao redor do globo: paredes cobertas com imagens de Haile Selassie I, Bob Marley, Dalai Lama, Karl Marx, Che Guevara, Friedrich Engels e Vladimir Lenin.

Os rastas rurais do Japão também fazem a tradicional crítica espiritual rastafari da desigualdade sociopolítica da Babilônia, mas colocam uma ênfase muito maior na importância espiritual de comungar com a natureza. Ideologicamente, eles posicionam o rural como o contraponto espiritual positivo ao urbano, o lugar de opressão, cosmopolitismo, consumo capitalista e corrupção política da Babilônia. Eles dizem que o interior japonês está onde a promessa espiritual do rastafarianismo pode ser realizada. Sterling argumenta que essa diferença entre rastas rurais faz sentido à luz de duas tradições culturais japonesas. Primeiro, budistas e xintoístas veneram ideais de natureza rural, intacta. De fato, muitos dos rastas rurais que Sterling entrevistou eram ou budistas ou xintoístas insatisfeitos. Segundo, o Japão rural tem uma história de movimentos contraculturais, que se combinam "em um grande cozido de tudo considerado étnico" (167). Em outras palavras, já está em andamento um ímpeto cultural para se opor ao convencional japonês e se conectar a um Outro étnico global. Isso preparou o ímpeto local para aceitar a ideologia e estética rasta.

Tendo considerado esses dois exemplos, reflitam sobre as oito razões que discutimos acima para explicar o alcance global do rastafarianismo. Que razões são evidentes nos exemplos do Brooklin (Hepner) e do Japão (Sterling)? Uma razão ou algumas selecionadas parecem ter mais poder explanatório? Por quê? Vocês acrescentariam à lista de oito razões, ou subtrairiam alguma da lista, com base nesses exemplos?

Box 6.3 O cristianismo carismático como religião transnacional

Para concluir esta seção, vocês podem pensar atentamente sobre outro exemplo de religião transnacional. Esse exemplo excede em muito o rastafarianismo em termos do número de adeptos às reivindicações do movimento religioso e da extensão do alcance global do movimento. Desde a década de 1920, o cristianismo carismático tem sido a religião com o crescimento mais rápido no mundo. A questão que vamos trabalhar é esta: Que explanações os antropólogos propuseram para explicar essa história de sucesso religioso global?

Em 2006, o Centro de Pesquisa Pew publicou os achados de uma pesquisa demográfica de grande escala, que inclui os seguintes resultados muito surpreendentes. Ao menos um quarto dos 2 bilhões de cristãos do mundo é agora de pentecostais ou carismáticos (adiante, falaremos mais sobre essa diferença terminológica). Mais da metade vive no sul global: mais de 150 milhões na América Latina e mais de 100 milhões na África. Em algumas nações, os pentecostais ou carismáticos equivalem a mais de um quarto da população total: Nigéria (26%), Chile (30%), África do Sul (34%), Filipinas (44%), Brasil (49%), Quênia (56%) e Guatemala (60%).

Portanto, quem são os cristãos carismáticos? O que os distingue? Como muitos cristãos evangélicos, os carismáticos investem valor elevado em uma experiência de conversão de renascimento individual, conversão de não cristãos, afirmam a Bíblia como sua autoridade última e se apoiam em uma estrutura moral baseada na Bíblia para guiar sua vida diária. Estudiosos da religião distinguem tipicamente os carismáticos por dois conjuntos de práticas. Primeiro, os carismáticos enfatizam, apropriando-nos de uma linguagem bíblica, "os dons do Espírito Santo". Talvez o mais notável seja falar em línguas desconhecidas, mas os carismáticos reconhecem vários outros dons, da cura ao recebimento de revelação profética diretamente de Deus, e exorcismo de espíritos demoníacos. Segundo, o cristianismo carismático é uma tradição profundamente visceral; contextos diários e rituais enfatizam experiências de corpo inteiro, de modos multissensoriais de atenção a dança, canto, toque e prece em voz alta. A diferença entre carismáticos e pentecostais é muitas vezes apenas no nome, embora a substância da diferença possa variar um pouco de um contexto local para outro. Um modo fácil de pensar sobre isso é este: os pentecostais são carismáticos que pertencem a uma denominação ou organização que formalmente declara que dons do Espírito são uma parte central da identidade. Todos os pentecostais são carismáticos, mas nem todos os carismáticos são pentecostais.

Muitas histórias do movimento carismático moderno estabelecem seu nascimento nos Estados Unidos, durante os primeiros anos do século XX. Começando em locais como Topeka, Kansas e Houston, Texas, a história-padrão nos leva à Rua Bonnie Brae no centro de Los Angeles. Lá, em 9 de abril de 1906, uma irmandade que havia estado orando para receber o dom das línguas por vários dias finalmente recebeu esse dom. Vários meses depois se mudaram para o prédio de uma ex-igreja, distante duas milhas, na Rua Asuza. Centenas se juntaram à irmandade original e começaram a fazer cultos de renascimento dia e noite. Esse período é conhecido como o Renascimento da Rua Asuza. Muito semelhante aos primeiros rastas em Kingston, na Jamaica, o cristianismo carismático começou entre um pequeno grupo de pessoas relativamente pobres, à margem do grupo tradicional de sua sociedade.

O movimento se tornou transnacional logo após seu início, com missionários saindo diretamente das ruas do sul da Califórnia (MAXWELL, 2007). A Rua Asuza também levou à formação em 1914 das Assembleias de Deus, agora a Associação Mundial das Assembleias de Deus (World Assemblies of God Fellowship). Essa é a maior denominação pentecostal com igrejas em 212 nações e mais de 65 milhões de membros. Outras grandes denominações pentecostais surgiram fora dos Estados Unidos, como a Igreja Cristã Redimida de Deus (Redeemed Christian Church of God) na Nigéria em 1952 e a Igreja Universal do Reino de Deus (Universal Church of the Kingdom of God) no Brasil em 1977. Essas duas últimas denominações refletem o que alguns chamam neopentecostalismo, que acrescenta um ensinamento oficial de que Deus deseja que os verdadeiros fiéis sejam prósperos na Terra assim como no Céu. (Esse segmento crescente de cristianismo carismático global é variadamente chamado "teologia da prosperidade", "o Movimento da Fé" ou "o *gospel* da saúde e da riqueza" e tem raízes em ensinamentos de rádio e televisão ("televangelismo") que se tornou popular nos Estados Unidos na década de 1950.)

Em suma, de 1900 a 2006, esse movimento religioso saiu de uma condição de ser praticado por algumas centenas de indivíduos em Los Angeles para ser praticado por 500 milhões. Como? Essa é uma questão com a qual antropólogos do cristianismo têm se defrontado. Uma resposta fácil poderia simplesmente destacar o aspecto missionário zeloso do movimento. Mas há muitas religiões missionárias, igualmente zelosas, que experienciaram ganhos menores ou declínio de afiliações. Não há também entidade institucional central ou personalidade carismática que explique o alcance global do movimento. Não um local único onde a estratégia seja coordenada e materiais produzidos, e nenhum indivíduo único para o qual remontar o sucesso. Considerem, portanto, quatro explanações possíveis. Após lerem cada uma, perguntem-se quão convincente é a explanação, o que faz sentido em relação a ela, e se vocês desconfiam de alguma parte.

- *A abordagem crítica*. Essa explanação vincula o sucesso do pentecostalismo diretamente às condições socioeconômicas da pobreza e marginalidade global. Como grande parte do crescimento carismático ocorreu no sul global, e como os maiores números de adeptos têm vidas economicamente pobres ou incertas, alguns estudiosos veem o pentecostalismo basicamente como um meio de confrontar o estresse econômico. Isso tem a ver parcialmente com uma base teológica segundo a qual cada um deve aceitar suas circunstâncias como são, mas também com uma lógica religiosa de afirmação e busca da promessa de ascensão social. Devido às suas origens americanas, alguns estudiosos veem a conversão pentecostal como um tipo de neocolonialismo, onde a conversão tem a ver com modernização e meramente estágio removido do imperialismo americano. Para uma versão dessa abordagem aplicada etnograficamente, cf. *Born Again in Brazil* (Renascer no Brasil) (1997), de Andrew Chestnut.

• *A abordagem estrutural.* Essa explanação contextualiza o crescimento acelerado do pentecostalismo no último quarto do século XX dentro da mudança neoliberal global, na qual atores nacionais e transnacionais adotaram uma ideologia político-econômica que foca a privatização. Como o setor público diminui devido às reformas estatais neoliberais, e os serviços anteriormente públicos se tornaram cada vez mais privados, surge uma necessidade de instituições voluntárias para preencher as lacunas que ficaram abertas. Igrejas, e em particular megaigrejas como aquelas comuns entre neopentecostais, tornaram-se instituições que preenchem essas lacunas. Por exemplo, se vocês carecem de assistência médica e/ou de acesso a um hospital, a cura carismática se torna muito mais atrativa e necessária. Junto a essa dinâmica de privatização, o foco do neopentecostalismo na salvação individual e no cuidado de si ressoa com o foco do capitalismo neoliberal na responsabilidade individual (e vice-versa). Essa não é uma explicação causa-efeito, na qual as mudanças neoliberais provocam aumentos nas afiliações carismáticas. Tem mais a ver com esses dois sistemas compartilhando uma afinidade eletiva; eles favorecem e são favorecidos um pelo outro. Para uma versão dessa abordagem aplicada etnograficamente, cf. *City of God* (Cidade de Deus) (2010), de Kevin Lewis O'Neill, um estudo sobre uma megaigreja neocarismática na cidade de Guatemala.

• *A abordagem ritual.* Essa explanação afasta o foco das condições sociais que envolvem o pentecostalismo global e recoloca o foco em uma característica central da própria religião pentecostal. Nessa abordagem, o pentecostalismo foi tão bem-sucedido em se globalizar porque fornece uma vida institucional ritualizada que é facilmente reconhecível, facilmente aprendida e facilmente praticada. A natureza não verbal (sensorial e incorporada) do ritual pentecostal tem a boa função de transcender as barreiras linguísticas. Novos convertidos podem desenvolver a habilidade ritual com relativa facilidade, e transferidos ou pregadores visitantes de outras igrejas podem perfeitamente participar da vida ritual local. Mesmo após uma igreja local ter adaptado completamente o pentecostalismo ao seu contexto, é ainda familiar como uma expressão do mesmo cristianismo carismático encontrado em outros lugares. É o ritual que torna o pentecostalismo uma religião móvel, traduzível, transladável e portável. Para uma descrição teórica cogente dessa abordagem, cf. o ensaio "Pentecostal networks and the spirit of globalization" (Redes pentecostais e o espírito da globalização) (2009), de Joel Robbins.

• *A abordagem cultural.* Essa explanação detalha a ideia básica da abordagem ritual; a de que existe algo sobre a natureza do cristianismo carismático que o habilita a se mover com sucesso de um lugar a outro. Aqui, a explanação vai além do ritual e abrange uma série de práticas e lógicas culturais carismáticas. O cristianismo carismático oferece um sistema cultural definível e internamente coerente que pode ser reproduzido em um número ilimitado de contextos. Por exemplo, há a ideologia da linguagem neopentecostal da "confissão positiva", na qual carismáticos nomeiam a prosperidade que querem que Deus lhes provenha em suas vidas como um primeiro passo para obter essa prosperidade. Ou há a economia do dom da doação sacrificial, na qual os carismáticos doam um dízimo à Igreja a fim de se tornarem disponíveis para serem recebedores de dons de Deus. Para uma versão dessa abordagem aplicada etnograficamente, cf. *The globalisation of charismatic Christianity* (A globalização do cristianismo carismático) (2000), de Simon Coleman, um estudo de uma megaigreja neocarismática em Uppsala, na Suécia.

Que explanação é mais convincente para vocês? Por quê? Vocês observaram algo suspeito enquanto liam? Após reunir seus pensamentos e observações, reflitam sobre quatro questões:

- Não necessitamos tratar essas quatro explanações como mutuamente exclusivas. Podemos encontrar mérito em cada uma. Há modos pelos quais vocês acham essas explanações complementares? Elas poderiam ser combinadas para explicar diferentes aspectos da globalização bem-sucedida do pentecostalismo?
- Como essas explanações para o pentecostalismo como uma religião transnacional se comparam àquelas que consideramos para o rastafarianismo global? Como abordagens antropológicas, elas destacam processos similares ou diferentes?
- Lembrem-se do trabalho que fizemos na seção de abertura deste capítulo sobre definições de globalização. Com essas explanações para o pentecostalismo global ressoam aquelas definições e observações que fizemos sobre elas?
- Na seção "Etnocenários encontram sacrocenários" usamos o trabalho de Paul Johnson e Thomas Csordas para descrever quatro razões pelas quais a religião viaja bem. Johnson propôs que a identidade religiosa sobrevive ao processo perturbador da mobilidade, e que a mobilidade estende o poder social e afetivo do pertencimento religioso. Csordas propôs as qualidades duais da prática portável e da mensagem transladável. Como explanações críticas, estruturais, rituais e culturais se relacionam com essas quatro observações? Alguma delas é deixada sem tratamento?

Sumário do capítulo

Neste capítulo, exploramos as várias relações que existem entre formações globais e mundos religiosos. Começamos discutindo definições antropológicas de globalização. Daí, introduzimos o termo sacrocenários como um modo de vincular a religião a uma característica definidora de globalização: "fluxos". Depois, distinguimos duas expressões de globalização religiosa: religião diaspórica e religião transnacional. Para a primeira, perguntamos como a religião que é praticada em culturas diaspóricas pode ser um tipo distinto de cultura religiosa. Para a segunda, perguntamos como explicar a difusão bem-sucedida de sistemas religiosos através de fronteiras nacionais, étnicas, linguísticas e culturais. Ao longo do caminho, baseamo-nos em vários exemplos etnográficos para nos guiar. Consideramos:

- A Virgem de Guadalupe como um símbolo transnacional;
- Hindus indianos vivendo nas Ilhas Maurício e em Washington D.C.;
- Muçulmanos africanos em Paris;
- Rastafaris na cidade de Nova York e no Japão;
- A globalização do cristianismo carismático.

Por fim, este capítulo nos ajuda a pensar sobre o modo de sistemas, identidades e práticas religiosos existirem e mudarem em contextos globais. A globalização não é puramente um fenômeno econômico; inclui várias formas de globalização cultural. A religião é um exemplo fundamental, e uma tarefa importante para a antropologia da religião é continuar formulando grandes questões sobre como a religião está em uma força global em aceleração (junto e em tensão com outros sistemas transnacionais, com o capitalismo neoliberal). Espero que este capítulo tenha fornecido alguns exemplos úteis com os quais pensar e alguns modos úteis para conceitualizar a globalização religiosa. Se vocês estiverem fazendo pesquisa original ou trabalho de campo para seu curso, quão relevante para seu projeto são as dinâmicas global e transnacional?

Sugestões de leitura complementar

Além dos trabalhos citados neste capítulo, os seguintes livros e ensaios são lugares produtivos para ir depois. Para dar seguimento à "Globalização religiosa", o ensaio de revisão de Robert Hefner, "Multiple modernities: Christianity, Islam, and Hinduism in a globalizing age" (Modernidades múltiplas: cristianismo, islamismo e hinduísmo em uma era de globalização) (*Annual Review of Anthropology*, 1998), é perspicaz. *Religion, politics, and globalization: anthropological approaches* (Religião, política e globalização: abordagens antropológicas) (BERGHAHN, 2011) reúne dez ensaios teóricos e etnográficos. Para "Religião em diáspora", o ensaio de revisão de Paul Christopher Johnson, "Religion and diaspora" (Religião e diáspora) (*Advances in Research: Religion and Society*, 2012) é útil. *Gatherings in diaspora: religious communities and the new immigration* (Reuniões na diáspora: comunidades religiosas e a nova imigração) (Temple University Press, 1998) apresenta doze ensaios etnográficos focados na religião diaspórica nos Estados Unidos. Para continuar explorando "Religião transnacional", o volume editado *Transnational transcendence: essays on religion and globalization* (Transcendência transnacional: ensaios sobre religião e globalização) (University of California Press, 2009) reúne treze contribuições provocativas. Para uma etnografia sobre uma comunidade religiosa espalhada globalmente, há *Spirits without borders: Vietnamese spirit mediums in a transnational age* (Espíritos sem fronteiras: médiuns espíritas vietnamitas em uma era transnacional) (Palgrave Macmillan, 2011).

Referências

APPADURAI, A. (1996). *Modernity at Large: Cultural Dimensions of Globalization.* Mineápolis, MN: University of Minnesota Press.

ASAD, T. (1993). *Genealogies of Religion: Discipline and Reasons of Power in Christianity and Islam.* Baltimore, MD: Johns Hopkins University Press.

_____ (2003). *Formations of the Secular: Christianity, Islam, Modernity.* Stanford, CA: Stanford University Press.

ATRAN, S. (2002). *In Gods We Trust: The Evolutionary Landscape of Religion.* Nova York/Oxford: Oxford University Press.

AUSTIN, J.L. (1962). *How to Do Things with Words.* Nova York/Oxford: Oxford University Press.

BADONE, E. & ROSEMAN, S.R. (eds.) (2004). *Intersecting Journeys: The Anthropology of Pilgrimage and Tourism.* Urbana-Champaign, IL: University of Illinois Press.

BADO-FRALICK, N. & NORRIS, R.S. (2010). *Toying with God: The World of Religious Games and Dolls.* Baylor, TX: Baylor University Press.

BAUMAN, R. (1974). "Speaking in the Light: The Role of the Quaker Minister". In: *Explorations in the Ethnography of Speaking.* R. Bauman e J. Sherzer (eds.) (pp. 144-162). Cambridge: Cambridge University Press.

BELL, C. (1992). *Ritual Theory, Ritual Practice.* Nova York/Oxford: Oxford University Press.

_____ (1997). *Ritual: Perspectives and Dimensions.* Nova York/Oxford: Oxford University Press.

BENNION, J. (2011a). "History, Culture, and Variability of Mormon Schismatic Groups". In: *Modern Polygamy in the United States: Historical, Legal, and Cultural*

Issues. C.K. Jacobson e L. Burton (eds.) (pp. 101-124). Nova York/Oxford: Oxford University Press.

_____ (2011b). "The Many Faces of Polygamy: An Analysis of the Variability em Modern Mormon Fundamentalism in the Intermountain West". In: *Modern Polygamy in the United States: Historical, Legal, and Cultural Issues.* C.K. Jacobson e L. Burton (eds.) (pp. 163-184). Nova York/Oxford: Oxford University Press.

BERGER, P. (1967). *The Sacred Canopy: Elements of a Sociological Theory of Religion.* Nova York: Anchor Books.

BERGER, P. & LUCKMANN, T. (1966). *The Social Construction of Reality: A Treatise in the Sociology of Knowledge.* Nova York: Anchor Books.

BIALECKI, J. (2014). Does God Exist in Methodological Atheism? On Tanya Luhrmann's *When God Talks Back* and Bruno Latour. *Anthropology of Consciousness* 25(1): 32-52.

BIELO, J.S. (2009). *Words upon the Word: An Ethnography of Evangelical Group Bible Study.* Nova York: NYU Press.

_____ (2011). *Emerging Evangelicals: Faith, Modernity, and Authenticity.* Nova York: NYU Press.

_____ (2013). Doing Religious Studies Dialogically. *Practical Matters: A Transdisciplinary Multimedia Journal of Religious Practices and Practical Theology* (6): 1-6.

BOURDIEU, P. (1977). *Outline of a Theory of Practice.* Cambridge: Cambridge University Press.

BOWEN, J. (1993). *Muslims through Discourse: Religion and Ritual in Gayo Society.* Princeton, NJ: Princeton University Press.

_____ (2004). *Religions in Practice: An Approach to the Anthropology of Religion.* Nova York: Pearson.

BOWIE, F. (2000). *The Anthropology of Religion.* Londres: Blackwell.

BOWMAN, G. (1991). "Christian Ideology and the Image of a Holy Land: the Place of Jerusalem Pilgrimage in the Various Christianities". In: *Contesting the Sacred: The Anthropology of Christian Pilgrimage.* J. Eade e M. Sallnow (eds.). Londres: Routledge.

_____ (1993). Nationalizing the Sacred: Shrines and Shifting Identities in the Israeli-Occupied Territories. *Man* 28(3): 431-460.

BOYER, P. (2001). *Religion Explained: The Evolutionary Origins of Religious Thought.* Nova York: Basic Books.

BROWN, K.M. (1991). *Mama Lola: A Vodou Priestess in Brooklyn*. Berkeley, CA: University of California Press.

_____ (2002). "Writing about 'the Other', Revisited". In: *Personal Knowledge and Beyond: Reshaping the Ethnography of Religion*. J.V. Spickard, J.S. Landres e M.B. McGuire (eds.). Nova York: NYU Press.

BURDICK, J. (2013). *The Color of Sound: Race, Religion, and Music in Brazil*. Nova York: NYU Press.

BUTLER, E. (2010). God Is in the Data: Epistemologies of Knowledge at the Creation Museum. *Ethnos 75*(3): 229-251.

BUTLER, J. (2010). "Disquieted History in *A Secular Age*". In: *Varieties of Secularism in a Secular Age*. M. Warner, J. Van Antwerpen e C. Calhoun (eds.) (pp. 193-216). Cambridge, MA: Harvard University Press.

CAHN, P.S. (2008). Consuming Class: Multilevel Marketers in Neoliberal Mexico. *Cultural Anthropology 23*(3): 429-452.

_____ (2011). *Direct Sales and Direct Faith in Latin America*. Nova York: Palgrave Macmillan.

CALABRESE, J. (2013). *A Different Medicine: Postcolonial Healing in the Native American Church*. Nova York/Oxford: Oxford University Press.

CANNELL, F. (2013). The Blood of Abraham: Mormon Redemptive Physicality and American Idioms of Kinship. *Journal of the Royal Anthropological Institute 19*(s1): s77-s94.

CARTER, L.F. (1990). *Charisma and Control in Rajneeshpuram: A Community without Shared Values*. Cambridge: Cambridge University Press.

CASANOVA, J. (1994). *Public Religions in the Modern World*. Chicago: University of Chicago Press.

CHESTNUT, A. (1997). *Born Again in Brazil: The Pentecostal Boom and the Pathogens of Poverty*. New Brunswick, NJ: Rutgers University Press.

CHIDESTER, D. & LINENTHAL, E.T. (eds.) (1995). *American Sacred Space*. Bloomington, IN: Indiana University Press.

CLIFFORD, J. & MARCUS, G. (eds.) (1986). *Writing Culture: The Poetics and Politics of Ethnography*. Berkeley, CA: University of California Press.

COLEMAN, S. (2000). *The Globalisation of Charismatic Christianity: Spreading the Gospel of Prosperity*. Cambridge: Cambridge University Press.

_____ (2002a). Do You Believe in Pilgrimage? From *Communitas* to Contestation and Beyond. *Anthropological Theory 2*(3): 355-368.

_____ (2002b). "'But Are They Really Christian?' Contesting Knowledge and Identity in and out of the Field". In: *Personal Knowledge and Beyond: Reshaping the Ethnography of Religion*. J.V. Spickard, J.S. Landres e M.B. McGuire (eds.). Nova York: NYU Press.

_____ (2006). "When Silence Isn't Golden: Charismatic Speech and the Limits of Literalism". In: *The Limits of Meaning: Case Studies in the Anthropology of Christianity*. M. Tomlinson e M. Engelke (eds.) (pp. 39-61). Oxford: Berghahn.

COLEMAN, S. & CARLIN, L. (eds.) (2004). *The Cultures of Creationism: Anti-evolutionism in English Speaking Countries*. Londres: Ashgate.

CORR, R. (2004). To Throw the Blessing: Poetics, Prayer, and Performance in the Andes. *The Journal of Latin American and Caribbean Anthropology 9*(2): 382-408.

CRANE, H. (2013). "Flirting with Conversion: Negotiating Researcher Non-Belief with Missionaries". In: *Missionary Impositions: Conversion, Resistance, and Other Challenges to Objectivity in Religious Ethnography*. H.K. Crane e D. Weibel (eds.) (pp. 11-24). Lanham, MD: Lexington Books.

CSORDAS, T. (2009). "Modalities of Transnational Transcendence". In: *Transnational Transcendence: Essays on Religion and Globalization*. T. Csordas (ed.) (pp. 1-29). Berkeley, CA: University of California Press.

D'ALISERA, J. (2004). *An Imagined Geography: Sierra Leonean Muslims in America*. Filadélfia, PA: University of Pennsylvania Press.

DANFORTH, L.M. (1989). *Firewalking and Religious Healing: The Anastenaria of Greece and the American Firewalking Movement*. Princeton, NJ: Princeton University Press.

DAVIDOF, V. (2010). Shamans and Shams: The Discursive Effects of Ethnotourism in Ecuador. *The Journal of Latin American and Caribbean Anthropology 15*(2): 387-410.

DELANEY, C. (1990). The *Hajj*: Sacred and Secular. *American Ethnologist* 513-530.

DOUGLAS, M. (1966). *Purity and Danger*. Londres: Routledge.

DROOGERS, A. (1996). "Methodological Ludism: Beyond Religionism and Reductionism". In: *Conflicts in Social Science*. A. van Harskamp (ed.) (pp. 44-67). Londres: Routledge.

_____ (1999). "The Third Bank of the River: Play, Methodological Ludism and the Definition of Religion". In: *The Pragmatics of Defining Religion: Contexts, Concepts, and Contents*. J.G. Platvoet e A.L. Molendijk (eds.) (pp. 285-313). Leiden: Brill.

DUBISCH, J. (1995). *In a Different Place: Pilgrimage, Gender, and Politics at a Greek Island Shrine*. Princeton, NJ: Princeton University Press.

DUNSTAN, A. (2010). "With Anything Manmade There Is Going to Be Danger": The Cultural Context of Navajo Opinions Regarding Snowmaking on the San Francisco Peaks. *Indigenous Policy Journal 21*(2): 1-6.

DURKHEIM, É. (1912). *The Elementary Forms of Religious Life*. Nova York: Free Press.

DWYER, K. (1982). *Moroccan Dialogues: Anthropology in Question*. Long Grove, IL: Waveland Press.

EADE, J. & SALLNOW, M.J. (eds.) (1991). *Contesting the Sacred: The Anthropology of Christian Pilgrimage*. Urbana-Champaign, IL: University of Illinois Press.

EBRON (2000). Tourists as Pilgrims: Commercial Fashioning of Transatlantic Politics. *American Ethnologist 26*(4): 910-932.

EDELMAN, M. & HAUGERUD, A. (2005). "The Anthropology of Development and Globalization". In: *The Anthropology of Development and Globalization: From Classical Political Economy to Contemporary Neoliberalism*. M. Edelman e A. Haugerud (eds.) (pp. 1-74). Londres: Blackwell.

EISENLOHR, P. (2006). *Little India: Diaspora, Time, and Ethnolinguistic Belonging in Hindu Mauritius*. Berkeley, CA: University of California Press.

ENGELKE, M. (2002). The Problem of Belief: Evans-Pritchard and Victor Turner on the "Inner Life". *Anthropology Today 8*(6): 3-8.

_____ (2007). *A Problem of Presence: Beyond Scripture in an African Church*. Berkeley, CA: University of California Press.

_____ (2010). Religion and the Media Turn: A Review Essay. *American Ethnologist 37*(2): 371-379.

_____ (2013). *God's Agents: Biblical Publicity in Contemporary England*. Berkeley, CA: University of California Press.

EREZ, T. (2013). "Mission Not Accomplished: Negotiating Power Relations and Vulnerability among Messianic Jews in Israel". In: *Ethnographic Encounters in Israel: Poetics and Ethics of Fieldwork*. F. Markowitz (ed.) (pp. 40-58). Bloomington, IN: Indiana University Press.

EVANS-PRITCHARD, E.E. (1937). *Witchcraft, Oracles, and Magic among the Azande*. Nova York/Oxford: Oxford University Press.

_____ (1965). *Theories of Primitive Religion*. Westport, CT: Greenwood Press.

EWING, K. (1994). Dreams from a Saint: Anthropological Atheism and the Temptation to Believe. *American Anthropologist 96*(3): 571-583.

FADER, A. (2009). *Mitzvah Girls: Bringing up the Next Generation of Hasidic Jews in Brooklyn*. Princeton, NJ: Princeton University Press.

FALCONE, J. (2012). Putting the "Fun" in Fundamentalism: Religious Nationalism and the Split Self at Hindutva Summer Camps in the United States. *Ethos 40*(2): 164-195.

FARRER, C.R. (1994). *Thunder Rides a Black Horse: Mescalero Apaches and the Mythic Present*. Long Grove, IL: Waveland Press.

FELD, S. & BASSO, K.H. (eds.) (1996a). *Senses of Place*. Albuquerque, NM: School of American Research Press.

_____ (1996b). "Introduction". *Senses of Place*. S. Feld e K.H. Basso (eds.) (pp. 3-12). Albuquerque, NM: School of American Research Press.

FIELD, M. & BLACKHORSE JR., T. (2002). The Dual Role of Metonymy in Navajo Prayer. *Anthropological Linguistics 44*(3): 217-230.

FRAZER, J. (1890 [1994]). *The Golden Bough: A Study in Magic and Religion*. Nova York/ Oxford: Oxford University Press.

FREUD, S. (1907 [1995]). "Obsessive Actions and Religious Practices". In: *The Freud Reader*. P. Gay (ed.). Nova York: Norton.

_____ (1913). *Totem and Taboo*. Nova York: Norton.

_____ (1927). *The Future of an Illusion*. Nova York: Norton.

_____ (1937). *Moses and Monotheism*. Nova York: Vintage.

GALVEZ, A. (2009). *Guadalupe in New York: Devotion and the Struggle for Citizenship Rights among Mexican Immigrants*. Nova York: NYU.

GEERTZ, C. (1966). "Religion as a Cultural System". In: *Anthropological Approaches to the Study of Religion*. M. Banton (ed.) (pp. 1-46). Londres: Tavistock.

GIDDENS, A. (1990). *The Consequences of Modernity*. Stanford, CA: Stanford University Press.

GILBERT, J. (1997). *Redeeming Culture: American Religion in an Age of Science*. Chicago: University of Chicago Press.

GILL, S. (1980). *Sacred Words: A Study of Navajo Religion and Prayer*. Westport, CT: Greenwood Press.

GLICK-SCHILLER, N. et al. (2006). Beyond the Ethnic Lens: Locality, Globality, and Born-Again Incorporation. *American Ethnologist 33*(4): 612-633.

GOLDMAN, M.S. (1999). *Passionate Journeys: Why Successful Women Joined a Cult*. Ann Arbor, MI: University of Michigan Press.

_____ (2002). "Voicing Spiritualities: Anchored Composites as an Approach to Understanding Religious Commitment". In: *Personal Knowledge and Beyond: Reshaping the Ethnography of Religion*. J.V. Spickard, J.S. Landres e M.B. McGuire (eds.). Nova York: NYU.

GOLE, N. (2010). "The Civilizational, Spatial, and Sexual Powers of the Secular". In: *Varieties of Secularism in a Secular Age*. M. Warner, J. van Antwerpen e C. Calhoun (eds.) (pp. 243-264). Cambridge, MA: Harvard University Press.

GOLUBOFF, S. (2003). *Jewish Russians: Upheavals in a Moscow Synagogue*. Filadélfia, PA: University of Pennsylvania Press.

_____ (2011). Making African American Homeplaces in Rural Virginia. *Ethos 39*(3): 368-394.

GORDON, D.F. (1987). Getting Close by Staying Distant: Fieldwork with Proselytizing Groups. *Qualitative Sociology 10*(3): 267-287.

GOTTLIEB, A. (2004). *The Afterlife Is Where We Come From*. Chicago: University of Chicago Press.

GOULET, J.-G.A. (1994). Ways of Knowing: Towards a Narrative Ethnography of Experience among the Dene Tha. *Journal of Anthropological Research 50*(2): 113-139.

GRABURN, N.H.H. (2004). "The Kyoto Tax Strike: Buddhism, Shinto, and Tourism in Japan". In: *Intersecting Journeys*: The Anthropology of Pilgrimage and Tourism. E. Badone e S.R. Roseman (eds.) (pp. 125-139). Urbana-Champaign, IL: University of Illinois Press.

GUYER, J. (2007). Prophecy and the Near Future: Thoughts on Macroeconomic, Evangelical, and Punctuated Time. *American Ethnologist 34*(3): 409-421.

HARDING, S.F. (2000). *The Book of Jerry Falwell: Fundamentalist Language and Politics*. Princeton, NJ: Princeton University Press.

HEPNER, R. (1998). "The House that Rasta Built: Church-Building and Fundamentalism among New York Rastafarians". Em *Gatherings in Diaspora: Religious Communities and the New Immigration.* R.S. Warner e J.G. Wittner (eds.) (pp. 197-234). Filadélfia, PA: Temple University Press.

HORTON, R. (1967). African Traditional Thought and Western Science. *Africa: Journal of the International African Institute 37*(1): 50-71.

HOWELL, B. (2007). The Repugnant Cultural Other Speaks Back: Christian Identity as Ethnographic "Standpoint". *Anthropological Theory 7*(4): 371-391.

HUIZINGA, J. (1955). *Homo Ludens: A Study of the Play Element in Culture.* Boston: Beacon.

INDA, J.X. & ROSALDO, R. (2002). "Tracking Global Flows". In: *The Anthropology of Globalization: A Reader.* J.X. Inda e R. Rosaldo (eds.) (pp. 3-46). Londres: Blackwell.

JACKSON, J. (2013). *Thin Description: Ethnography and the African Hebrew Israelites of Jerusalem.* Cambridge, MA: Harvard University Press.

JACModern Polygamy in the United States: Historical, Legal, and Cultural Issues. Nova York/Oxford: Oxford University Press.

JAMES, W. (1902). *The Varieties of Religious Experience: A Study in Human Nature.* Nova York: Penguin.

JOHNSON, P.C. (2007). *Diaspora Conversions: Black Carib Religion and the Recovery of Africa.* Berkeley, CA: University of California Press.

_____ (2012). Religion and Diaspora. *Advances in Research: Religion and Society 3*: 95-114.

KEANE, W. (2002). Sincerity, "Modernity", and the Protestants. *Cultural Anthropology 17*(1): 65-92.

_____ (2004). "Language and Religion". In: *A Companion to Linguistic Anthropology.* A. Duranti (ed.) (pp. 431-448). Londres: Blackwell.

_____ (2007). *Christian Moderns: Freedom and Fetish in the Mission Encounter.* Berkeley, CA: University of California Press.

KENDALL, L. (2008). Of Hungry Ghosts and Other Matters of Consumption in the Republic of Korea: The Commodity Becomes a Ritual Prop. *American Ethnologist 35*(1): 154-170.

KIRSCH, T. (2004). Restaging the Will to Believe: Religious Pluralism, Anti-Syncretism, and the Problem of Belief. *American Anthropologist 106*(4): 699-709.

KLASS, M. (1995). *Ordered Universes: Approaches to the Anthropology of Religion.* Boulder, CO: Westview Press.

KNIBBE, K. & DROOGERS, A. (2011). Methodological Ludism and the Academic Study of Religion. *Method and Theory in the Study of Religion 23*: 283-303.

LANE, B.C. (2001). Giving Voice to Place: Three Models for Understanding Sacred Space. *Religion and American Culture: A Journal of Interpretation 11*(1): 53-81.

LATOUR, B. (2005). "'Thou shall not Freeze-Frame' or How not to Misunderstand the Science and Religion Debate". In: *Science, Religion, and the Human Experience*. J.D. Proctor (ed.). Nova York/Oxford: Oxford University Press.

LAWLESS, E. (1988). *God's Peculiar People: Women's Voice and Folk Tradition in a Pentecostal Church*. Lexington, KY: University of Kentucky Press.

LEWELLEN, T.C. (2002). *The Anthropology of Globalization: Cultural Anthropology Enters the 21st Century*. Westport, CT: Greenwood Press.

LINCOLN, B. (1994). *Authority: Construction and Corrosion*. Chicago: University of Chicago Press.

LINDHOLM, C. (1990). *Charisma*. Londres: Wiley-Blackwell.

_____ (2003). Culture, Charisma, and Consciousness: The Case of the Rajneeshee. *Ethos 30*(4): 357-375.

LOFTON, K. (2010). *Oprah: The Gospel of an Icon*. Berkeley, CA: University of California Press.

LUEHRMANN, S. (2011). *Secularism Soviet Style: Teaching Atheism and Religion in a Volga Republic*. Bloomington, IN: Indiana University Press.

MAHMOOD, S. (2005). *Politics of Piety: The Islamic Revival and the Feminist Subject*. Princeton, NJ: Princeton University Press.

MAKLEY, C.E. (2007). *The Violence of Liberation: Gender and Tibetan Buddhist Revival in Post-Mao China*. Berkeley, CA: University of California Press.

MALINOWSKI, B. (1935). *Coral Gardens and Their Magic*. Nova York: Dover.

_____ (1948). *Magic, Science and Religion and Other Essays*. Long Grove, IL: Waveland Press.

MARX, K. (1844 [1970]). *Critique of Hegel's 'Philosophy of Right'*. Trad. J.O' Malley. Cambridge: Cambridge University Press.

MATTHEWS (1888). The Prayer of a Navajo Shaman. *American Anthropologist 1*(2): 149-171.

MAUSS, M. (1935 [2006]). "Techniques of the Body". In: *Marcel Mauss: Techniques, Technology, and Civilization.* N. Schlanger (ed.). Oxford: Berghahn.

MAXWELL, D. (2007). *African Gifts of the Spirit: Pentecostalism and the Rise of a Zimbabwean Transnational Religious Movement.* Athens, OH: Ohio University Press.

McALISTER, E. (2005). Globalization and the Religious Production of Space. *Journal for the Scientific Study of Religion* 44(3): 249-255.

McBRIEN, J. & PELKMANS, M. (2008). Turning Marx on his Head: Missionaries, "Extremists", and Archaic Secularists in Post-Soviet Kyrgyzstan. *Critique of Anthropology* 28(1): 87-103.

MILES, C.A. (2011). "'What's Love Got to do With It?' Earthly Experience of Celestial Marriage, Past and Present". In: *Modern Polygamy in the United States: Political, Legal, and Cultural Issues.* C.K. Jacobsen e L. Burton (eds.) (pp. 185-208). Nova York/Oxford: Oxford University Press.

MONAHAN, T. (2008). Marketing the Beast: *Left Behind* and the Apocalypse Industry. *Media, Culture, and Society* 30(6): 813-830.

MURPHY, L.D. (2009). "The Trouble with Good News: Scripture and Charisma in Northern Ireland". Em *The Social Life of Scriptures: Cross-Cultural Perspectives on Biblicism.* J.S. Bielo (ed.) (pp. 10-29). New Brunswick, NJ: Rutgers University Press.

NEEDHAM, R. (1972). *Belief, Language, and Experience.* Chicago: University of Chicago Press.

NUMBERS, R.L. (1992). *The Creationists: The Evolution of Scientific Creationism.* Nova York: Knopf.

O'NEILL, K.L. (2010). *City of God: Christian Citizenship in Postwar Guatemala.* Berkeley, CA: University of California Press.

PADEN, W. (1988). *Religious Worlds: The Comparative Study of Religion.* Boston: Beacon Press.

PETERSON, L. (2013). Reel Navajo: The Linguistic Creation of Indigenous Screen Memories. *American Indian Culture and Research Journal* 35(2): 111-134.

POUILLION, J. (1979 [1982]). "Remarks on the Verb 'to Believe'". In: *Between Belief and Transgression: Structural Essays in Religion, History, and Myth.* M. Izard e P. Smith (eds.). Chicago: University of Chicago Press.

RABINOW, P. (1977). *Reflections on Fieldwork in Morocco.* Berkeley, CA: University of California Press.

RADIN, P. (1937). *Primitive Religion: Its Nature and Origin*. Nova York: Dover.

RAINES, J. (ed.) (2002). *Marx on Religion*. Filadélfia, PA: Temple University Press.

RAPPAPORT, R. (1999). *Ritual and Religion in the Making of Humanity*. Cambridge: Cambridge University Press.

REICHARD, G. (1944). *Prayer: The Compulsive Word*. Seattle, WA: University of Washington Press.

ROBBINS, J. (2001). God is Nothing but Talk: Modernity, Language and Prayer in a Papua New Guinea Society. *American Anthropologist 103*(4): 901-912.

_____ (2009). Pentecostal Networks and the Spirit of Globalization: On the Social Productivity of Ritual Forms. *Social Analysis 53*(1): 55-66.

ROBERTSON, R. (1992). *Globalization: Social Theory and Global Culture*. Londres: Sage.

ROUSE, C. & HOSKINS, J. (2004). Purity, Soul Food, and Sunni Islam: Explorations at the Intersection of Consumption and Resistance. *Cultural Anthropology 19*(2): 226-249.

RUDNYCKYJ, D. (2009). Spiritual Economies: Islam and Neoliberalism in Contemporary Indonesia. *Cultural Anthropology 24*(1): 104-141.

_____ (2010). *Spiritual Economies: Islam, Globalization, and the Afterlife of Development*. Ithaca, NY: Cornell University Press.

RUEL, M. (1982). "Christians as Believers". In: *Religious Organizations and Religious Experiences*. J. Davis (ed.) (pp. 9-31). Londres: Academic.

SAID, E. (1978). *Orientalism: Western Conceptions of the Orient*. Nova York: Penguin.

SAVISHINSKY, N.J. (1994). "Transnational Popular Culture and the Global Spread of the Jamaican Rastafari Movement". In: *Across the Boundaries of Belief*. M. Klass e M.K. Weisgrau (eds.) (pp. 347-366). Boulder, CO: Westview Press.

SCHMIDT, L.E. (2000). *Hearing Things: Religion, Illusion, and the American Enlightenment*. Cambridge, MA: Harvard University Press.

SCOTT, E. (2004). *Evolution vs. Creationism: An Introduction*. Berkeley, CA: University of California Press.

SEEMAN, D. (2009). *One People, One Blood: Ethiopian-Israelis and the Return to Judaism*. New Brunswick, NJ: Rutgers University Press.

SELBY, J. (2013). "How 'They' Construct 'Us': Reflections on the Politics of Identity in the Field". In: *Missionary Impositions: Conversion, Resistance, and Other Challenges to Objectivity in Religious Ethnography* (pp. 41-56). Lanham, MD: Lexington Books.

SHORE, B. (2008). Spiritual Work, Memory Work: Revival and Recollection at Salem Camp Meeting. *Ethos 36*(1): 98-119.

SIDKY, H. (2009). A Shaman's Cure: The Relationship Between Altered States of Consciousness and Shamanic Healing. *Anthropology of Consciousness 20*(2): 171-197.

SINHA, V. (2011). *Religion and Commodification: "Merchandizing" Diasporic Hinduism.* Londres: Routledge.

SMART, N. (1973). *The Science of Religion and the Sociology of Knowledge.* Princeton, NJ: Princeton University Press.

SMITH, J.Z. (1998 [2004]). "Religion, Religions, Religious". In: *Relating Religion: Essays in the Study of Religion.* Chicago: University of Chicago Press.

SPICKARD, J. & LANDRES, S. (2002). "Whither Ethnography? Transforming the Social-Scientific Study of Religion". In: *Personal Knowledge and Beyond: Reshaping the Ethnography of Religion.* J.V. Spickard, J.S. Landres e M.B. McGuire (eds.). Nova York: NYU.

STEIN, R.L. & STEIN, P. (2010). *The Anthropology of Religion, Magic, and Witchcraft.* Nova York: Pearson.

STEINBECK, J. (1966 [2002]). "... like captured fireflies". In: *America and Americans.* Nova York: Penguin.

STEPAN, A. (2011). "The Multiple Secularisms of Modern Democratic and Non--Democratic Regimes". In: *Rethinking Secularism.* C. Calhoun, M. Juergensmeyer e J. van Antwerpen (eds.) (pp. 114-144). Nova York/Oxford: Oxford University Press.

STERLING, M. (2010). *Babylon East: Performing Dancehall, Roots Reggae, and Rastafari in Japan.* Durham, NC: Duke University Press.

STOLLER, P. (1984). Eye, Mind and Word in Anthropology. *L'Homme 24*(3/4): 91-114.

STOLLER, P. & OLKES, C. (1987). *Em Sorcery's Shadow: A Memoir of Apprenticeship among the Songhay of Niger.* Chicago: University of Chicago Press.

SUBRAMANIAM, R. (1999). Culture of Suspicion: Riots and Rumor in Bombay, 1992-1993. *Transforming Anthropology 8*(1/2): 97-110.

TAYLOR, C. (2007). *A Secular Age.* Cambridge, MA: Harvard University Press.

TOUMEY, C. (1994). *God's Own Scientists: Creationists in a Secular World.* New Brunswick, NJ: Rutgers University Press.

TURNER, E. (1992). *Experiencing Ritual: A New Interpretation of African Healing.* Filadélfia, PA: University of Pennsylvania Press.

_____ (1996). *The Hands Feel It: Healing and Spirit Presence among a Northern Alaskan People.* Northern Illinois University Press.

TURNER, V. (1968). *The Drums of Affliction: A Study of Religious Processes among the Ndembu of Zambia.* Ithaca, NY: Cornell University Press.

TURNER, V. & TURNER, E. (1978). *Image and Pilgrimage in Christian Culture.* Nova York: Columbia University Press.

TWEED, T. (1997). *Our Lady of the Exile: Diasporic Religion at a Cuban Catholic Shrine in Miami.* Nova York/Oxford: Oxford University Press.

_____ (2006). *Crossing and Dwelling: A Theory of Religion.* Cambridge, MA: Harvard University Press.

TYLOR, E. (1871). *Religion in Primitive Culture.* Nova York: Harper.

URBAN, H. (2011). *The Church of Scientology: A History of a New Religion.* Princeton, NJ: Princeton University Press.

VAN DER VEER, P. (2014). *The Modern Spirit of Asia: The Spiritual and the Secular in China and India.* Princeton, NJ: Princeton University Press.

VAN GENNEP, A. (1909). *The Rites of Passage.* Londres: Routledge.

WAGHORNE, J.P. (1999). "The Hindu Gods in a Split-Level World: The Sri Siva-Vishnu Temple in Suburban Washington, DC". In: *Gods of the City: Religion and the American Urban Landscape.* R. Orsi (ed.) (pp. 103-130). Bloomington, IN: Indiana University Press.

WALLACE, A.F.C. (1956). Revitalization Movements. *American.*

_____ (1966). *Religion: An Anthropological View.* Nova York: Random House.

WANNER, C. (2007). *Communities of the Converted: Ukrainians and Global Evangelism.* Ithaca, NY: Cornell University Press.

WATERS, W. (2001). Globalization, Socioeconomic Restructuring, and Community Health. *Journal of Community Health* 26(2): 79-92.

WATSON, J. (2006). "Transnationalism, Localization, and Fast Foods in East Asia". In: *Golden Arches East: McDonald's in East Asia.* J. Watson (ed.). Stanford, CA: Stanford University Press.

WEBER, M. (1905). *The Protestant Ethic and the "Spirit" of Capitalism.* Nova York: Penguin.

_____ (1922 [1978]). *Economy and Society: An Outline of Interpretive Sociology*. Berkeley, CA: University of California Press.

_____ (1946 [1958]). *From Max Weber: Essays in Sociology*. Trad. H.H. Gerth e C. Wright Mills. Nova York/Oxford: Oxford University Press.

WEIBEL, D. (2013). "Blind in a Land of Visionaries: When a Non-Pilgrim Studies Pilgrimage". In: *Missionary Impositions: Conversion, Resistance, and Other Challenges to Objectivity in Religious Ethnography* (pp. 93-108). Lanham, MD: Lexington Books.

WIEGELE, K. (2013). "On Being a Participant and an Observer in Religious Ethnography: Silence, Betrayal, and Becoming". In: *Missionary Impositions: Conversion, Resistance, and Other Challenges to Objectivity in Religious Ethnography* (pp. 83-92). Lanham, MD: Lexington Books.

WOLF, E. (1982). *Europe and the People without History*. Berkeley, CA: University of California Press.

YONG, A. (2012). Observation-Participation-Subjunctivation: Methodological Play and Meaning-Making in the Study of Religion and Theology. *Religious Studies and Theology* *31*(1): 17-40.

Índice

África do Sul 166, 177

Agnosticismo metodológico 53-55

Alemanha 164

Alimento 74, 77-79, 96-97

América do Norte nativa 58, 88-89, 107, 114-115, 117, 125-126, 134, 146-149

Anastenaria 143-144

Apocalipsismo 118

Arábia Saudita 108

Arte verbal 87-89

Asad, T. 31-33, 35, 37, 131

Ateísmo 30, 52
  metodológico 51-53

Autenticidade
  contestação da 78-79, 83-84, 85, 119, 123-125, 139-141

Autoridade 32, 37, 76, 93, 114
  como problema de pesquisa 129-135
  ritual 141-146

Berger, P. 51-54

Bíblia 41, 64, 79, 84, 85, 92-93, 96, 98, 110, 114, 118, 120-121, 123-124, 151-154, 173, 177

Bourdieu, P. 76

Bowen, J. 10, 44, 90

Brasil 81-81, 177-178

Bruxaria 31, 66, 69, 71, 138

Budismo 32, 37, 52, 63, 75, 96, 98, 105, 107, 111-113, 119-120, 176

Canadá 58

Capitalismo 17-18, 40, 95, 154-155, 160, 172, 176, 179

Carisma 132-136, 149, 156, 174

Casanova, J. 36, 41, 145

China 32, 37, 119-120, 160

Ciência e religião 21, 36, 150-155

Cientologia 29

Coleman, S. 49, 92-93, 179

Colonialismo 32, 83, 90, 125, 134, 140, 160, 165-167, 170, 173, 176

Communitas 108-109

Corão 91, 96, 130-131

Coreia 97

Corrida da Tocha Guadalupana 158, 164

Costa do Marfim 102-103

Cristianismo 32-33, 40, 49, 74, 91, 94, 105, 113, 115-116, 181
  carismático/pentecostal 40, 61, 62-64, 74-75, 91-93, 124-125, 145, 155, 177-180
  católico 65, 69, 89, 105, 110, 124, 130, 132, 158-159, 162
  evangélico 9, 36, 40, 52, 68, 81-82, 85, 110
  fundamentalista 54, 118, 151-152, 154
  ortodoxo oriental 63, 74, 105, 110, 120, 142-145

Csordas, T. 100, 163, 173, 180

Cura 37, 45-46, 50, 56-58, 61, 62, 66, 88, 96, 114, 121, 125, 138-139, 142-143, 147-148, 155, 177

Douglas, M. 34, 80

Durkheim, É. 22-24, 26, 28, 75, 106, 107, 142

Efervescência coletiva 142

Egito 67, 76

Engelke, M. 41-42, 50, 64, 100

Equador 89-90, 139-141, 155

Espaço sagrado 150-106, 120, 125-126

Especialistas religiosos 136-141, 147-148, 181

Estados pós-soviéticos 39-41

Estados Unidos da América 45, 54, 58, 67, 75-76, 79, 84, 96, 99, 114-116, 128-129, 145, 149-154, 158-159, 164, 168, 174-175, 178, 181

Ética 66-71

Etiópia 83, 172, 175

Evans-Pritchard, E.E. 30, 53, 69

Filipinas 62, 68, 177

Foucault, M. 32, 76

França 38, 43, 65, 71, 160, 170-171

Frazer, J.G. 20-21, 24-26, 28, 30, 36, 150

Freud, S. 18-19, 53-54

Gana 154, 172

Geertz, C. 25-26, 28, 31, 33-34, 52, 131

Gênero 41, 65, 67, 76, 78, 101, 120, 128, 142-145, 149-150, 170, 175

Globalização
  definições de 160
  e religião 113, 159-164

Grécia 63, 142-144

Guatemala 177, 179

Harding, S. 54-56, 65, 118

Hinduísmo 32, 77, 98, 165-170
  fundamentalista 36, 67, 122, 168

Histórias da criação 117-118, 125-126, 151-154

Holismo 17, 162, 168

Honduras 94-95, 114-115, 164

Ideologias da linguagem 91-93

Incorporação 34, 45, 61-63, 65, 75-85, 98, 142, 177

Índia 32, 36-38, 122-123

Indonésia 90, 155

Inglaterra 41, 107, 172

Irlanda do Norte 123-125

Islamismo 32, 36-38, 41, 65, 67, 76, 77, 88, 96-98, 102, 108, 110, 122, 130, 131, 146, 155, 166, 170-171

Israel/Palestina 63, 65, 78-80, 82-83, 106-107, 109-111, 118, 120-121

Jamaica 61, 172

James, W. 22-24

Japão 111, 175-177

Jogo 55-56, 98

Judaísmo 39-40, 63, 65, 67, 74, 77, 79, 82-83, 85, 88, 93, 101, 105-106, 165, 170

Lei
  e religião 29-30, 37-39, 125-126, 146-150, 153, 170

Liminaridade 108-109

Lincoln, B. 134-135

Linguagem religiosa 55, 65, 85-88, 90-91, 93-94, 103, 145

Livro dos mórmons 149-150

Ludismo metodológico 55-56

Madagascar 127

Magia 21-22, 30-31, 44, 150

Mahmood, S. 67, 76

Malinowski, B. 24, 86, 90, 150

Marx, K. 17-20, 41, 52-54, 68, 95, 176

Materialidade 28, 34, 61, 64, 74, 94-99, 110, 114-116, 143-144, 158, 170

Maurício 166-167

Mauss, M. 75-76

Mediação 73-75

Memória 102-106, 113-118, 123, 144

Mercadorias 95-99

México 107, 113, 155, 158-159

Migração 94, 111, 159, 162-163, 166-171, 174

Missionação 40-41, 49-50, 72, 83, 88-89, 95, 114, 160, 178

Mongólia 117

Moody Institute of Science 154

Mormonismo 76, 84-85, 106
  fundamentalista 149-150

Multilinguismo 166-167

Mundos religiosos 103-107

Museu da criação 153-154

Música 25, 80-82, 143, 160 ,169, 173, 175

Nepal 107, 138-139

Nigéria 40, 172, 177-178

Observação participante 46, 62-64

Paden, W. 104-105, 114

Países Baixos 56, 160, 175

Paquistão 69, 165

Parentesco 83-84, 149-150, 159

Peiote 146-149

Peregrinação 49, 63-65, 79, 107-113, 120-121, 141, 158, 165

Pluralismo religioso 38-39, 112, 168

Poder 52, 61, 76, 97, 143-145, 149, 160

Poligamia 149-150

Possessão 95, 137-140, 144, 123-149

Pragmática da linguagem 86-87, 142

Prece 25, 88-90, 96, 142, 144, 148, 153, 177

Processo Scopes 152

Raça 48, 67, 77-85, 116, 172-176

Rajneeshee 67-68, 128-130, 133, 142

Rappaport, Roy 141

Rastafarianismo 61, 171-174, 176-177, 180

Refugiados 83, 143, 162-163

Relativismo cultural 12, 17, 104

Religião
abordagem baseada em problemas da 9
críticas à 30-35
da diáspora 164-171
definições de 20-29
estudo etnográfico da 47-50, 61-70
teorias da 16, 18, 24, 27, 29, 34-35, 58-61,
108-113, 131-135, 150-151, 177-180

Ritual 23, 40, 45, 54-55, 57-58, 64, 77, 87,
92, 95, 106-109, 111, 115-117, 120-121,
129-130, 138-141, 147-149, 156, 159,
167, 169, 179

Robbins, J. 71, 91, 179

Rússia 39-40

Sacrocenários 162-164, 180

Said, E. 32

Secularismo 32, 35-41, 43-44, 145, 170

Senso de lugar 105-106, 162-163

Sensos 77, 100, 117, 142, 177

Serra Leoa 96, 100, 172

Sexualidade 82, 129, 149

Siquismo 170

Stoller, P. 49, 59, 66

Suécia 92, 100, 166, 179

Sufismo 69

Sunday, B. 152

Taiwan 63

Taylor, C. 145, 155

Teísmo metodológico 57-59, 66, 70

Tele-evangelismo 178

Templo dos povos 134

Temporalidade 104, 106, 118, 125, 145

Teologia da prosperidade 178

Tibet 75, 119-120

Turismo 65, 111, 139-140

Turner, E. 57-58, 60, 62, 108-109

Turner, V. 57, 108-109

Turquia 38, 43, 87

Tweed, T. 17, 162, 164

Tylor, E. 20-21, 24, 27-28, 36

Ucrânia 39-40

Vietnã 181

Vodu 45-46, 74, 115, 137

Wallace, A.F.C. 25, 133-134, 136, 141

Weber, M. 17, 19-20, 23, 54, 96, 131, 134-135

Xamanismo 95, 97, 114-115, 136-141, 156

Xintoísmo 112-113, 176

Zimbábue 64, 172

Leia também!

Conecte-se conosco:

 facebook.com/editoravozes

 @editoravozes

 @editora_vozes

 youtube.com/editoravozes

 +55 24 99267-9864

www.vozes.com.br

Conheça nossas lojas:

www.livrariavozes.com.br

Belo Horizonte – Brasília – Campinas – Cuiabá – Curitiba
Fortaleza – Juiz de Fora – Petrópolis – Recife – São Paulo

  Vozes de Bolso

EDITORA VOZES LTDA.
Rua Frei Luís, 100 – Centro – Cep 25689-900 – Petrópolis, RJ
Tel.: (24) 2233-9000 – E-mail: vendas@vozes.com.br